본이 되는 하나님의 사람
장로고시 문제집

본이 되는
하나님의 사람
장로고시 문제집

기독교대한감리회 교육국 엮음

kmc

차 례

1 신천장로 및 이명장로 고시과정

1. 구약 개론(신천) / 8
2. 신약 개론(신천) / 16
3. 교리와 장정(신천·이명) / 24
4. 감리교회사(신천·이명) / 31
5. 설교학(신천) / 38
6. 임원 지침(신천·이명) / 44
7. 감리교신학(이명) / 52

2 진급과정 1년급

1. 구약 | 역사서·예언서 / 60
2. 신약 | 복음서·요한서신 / 73
3. 기독교교육 / 87

3 진급과정 2년급

1. 구약 | 지혜서(시가서) / 94
2. 신약 | 바울서신 / 98
3. 웨슬리의 생애 / 108
4. 기독교원리(개론) / 115

본 서적에 나오는 『교리와 장정』에 관한 내용은 반드시 최신판을 참고하시기 바랍니다.
『교리와 장정』이 개정될 때마다 수정된 내용을
감리회 홈페이지(https://kmc.or.kr) 공지사항에서 확인하실 수 있습니다.

장로 과정 교육
『교리와 장정』 제10편 과정법

제 3 장 장로 고시 및 진급 과정

제3조(장로과정) 신천장로는 아래 과정고시에 합격하여야 한다.

① 신천장로 고시과정
  1. 신·구약 개론　　2.『교리와 장정』　　3. 감리교회사
  4. 설교학　　　　　5. 임원 지침

② 이명장로 고시과정(감리회 인정 타 교파 출신)
  1.『교리와 장정』　2. 감리교회사　3. 감리교신학　4. 임원 지침

③ 진급 과정
  1년급 : 1. 구약(역사서·예언서)　　2. 신약(복음서·요한서신)
  　　　　3. 기독교교육
  2년급 : 1. 구약(지혜서〈시가서〉)　　2. 신약(바울서신)
  　　　　3. 웨슬리의 생애　　　　　 4. 기독교원리(개론)

④ 연수과정 : 감리회 본부 교육국에서 시행하며 각 호와 같다.
  1. 제1과정 : 교회 부흥을 위하여 예배, 설교, 전도, 선교, 교리와 장정에 관하여 교육한다.
  2. 제2과정 : 교회 성숙과 건강한 교회를 지향하기 위하여 기독교교육, 기독교윤리, 사회복지, 성경에 근거한 동성애 관련 교육과 양성평등 및 성폭력 예방교육을 실시한다.
  3. 제3과정 : 신앙의 성숙과 은퇴를 위하여 성경, 노인, 인간관계에 관련하여 교육한다.

⑤ 지방회는 장로 과정고시를 위한 진급교육을 실시하고 신천장로 고시나 이명장로 고시에 합격한 이는 2년의 진급교육 및 과정고시를 5년 안에 마쳐야 한다. 국외근무자의 경우는 정상을 참작하여 유예할 수 있다.

⑥ 고시문제는 위원회에서 공동 출제하여 지방회 과정고시위원회에 위임한다.

⑦ 감리회 계통 신학대학교 혹은 신학대학원 및 연회 신학원(4년제) 졸업자는 그 증서를 제출하면 과정고시 과정 중『교리와 장정』만 고시한다.

1장

신천장로 및 이명장로 고시과정

01 구약 개론 (신천)

02 신약 개론 (신천)

03 교리와 장정 (신천·이명)

04 감리교회사 (신천·이명)

05 설교학 (신천)

06 임원 지침 (신천·이명)

07 감리교신학 (이명)

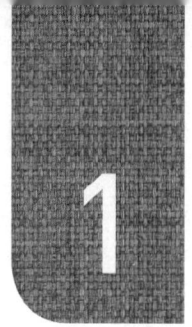

구약 개론
(신천 과정)

01 오경을 구성하는 다섯 책을 쓰라.
   답 창세기, 출애굽기, 레위기, 민수기, 신명기

02 신명기 역사서에 해당하지 않는 것은 무엇인가?
   ① 사사기   ② 열왕기상   ③ 역대상   ④ 여호수아
   답 ③

03 창세기에 담긴, 역사 이전의 역사라는 의미의 전역사(前歷史)에는 어떤 이야기들이 있는가?
   답 하나님의 천지창조(1~2장), 아담과 하와 이야기(3장), 가인과 아벨 이야기(4장), 노아와 홍수 이야기(6~9장), 민족들의 계보(10장), 바벨탑 이야기(11장)

04 안식년(면제년)의 의미를 설명하라.

> 답 매 7년마다 땅을 휴경하고 사회적 약자들을 위해 꾸어준 돈을 탕감하는 해

05 희년의 의미를 설명하라.

> 답 일곱 번째 맞는 안식년의 다음 해, 즉 오십 년째의 해를 말한다. 이때 모든 사람에게 해방을 선포하고, 토지와 가옥을 본래의 소유자에게 되돌려 주었다.

06 족장사에 등장하는 주요 인물들은 누구인가?

> 답 아브라함, 이삭, 야곱, 요셉

07 야곱의 네 아내 이름과 그들이 낳은 열두 아들의 이름을 쓰라.

> 답 레아 – 르우벤 시므온 레위 유다 잇사갈 스불론
> 빌하 – 단 납달리
> 실바 – 갓 아셀
> 라헬 – 요셉 베냐민

08 애굽에 내린 열 가지 재앙을 순서대로 쓰라.

> 답 ① 피 ② 개구리 ③ 이 ④ 파리 ⑤ 가축의 죽음 ⑥ 악성 종기 ⑦ 우박 ⑧ 메뚜기 ⑨ 흑암 ⑩ 장자의 죽음

09 시내산 단락(출 19:1~민 10:10)에 대해 설명하라.

> 답 출애굽한 이스라엘 백성은 삼 개월 만에 시내산에 도착해 일 년 정도를 머물러 있었다. 그곳에서 십계명을 비롯한 하나님의 가르침(율법)을 부여받은 것을 기록한 단락이다. 선민, 성민으로서 지켜야 할 율법이 담겨 있어, 이 때문에 오경 전체를 율법서라고 부르기도 한다.

10 출애굽기 20장에 나오는 십계명을 순서대로 쓰라.

> 답 1계명 : 너는 나 외에는 다른 신들을 네게 두지 말라
> 2계명 : 너를 위하여 새긴 우상을 만들지 말고 또 위로 하늘에 있는 것이나 아래로 땅에 있는 것이나 땅 아래 물속에 있는 것의 어떤 형상도 만들지 말며 그것들에게 절하지 말며 그것들을 섬기지 말라
> 3계명 : 너는 네 하나님 여호와의 이름을 망령되게 부르지 말라
> 4계명 : 안식일을 기억하여 거룩하게 지키라
> 5계명 : 네 부모를 공경하라
> 6계명 : 살인하지 말라
> 7계명 : 간음하지 말라
> 8계명 : 도둑질하지 말라
> 9계명 : 네 이웃에 대하여 거짓 증거하지 말라
> 10계명 : 네 이웃의 집을 탐내지 말라

11 구약성경에 나타나는 3대 절기는 무엇인가?

> 답 유월절(무교절), 칠칠절(맥추절, 오순절), 초막절(장막절, 수장절)

12 성막에 대해 설명하라.

> 답 출애굽한 이스라엘이 광야생활 중 지은 이동식 예배 장소로, 건축 계획에서부터 하나님의 주도하에 이루어졌다. 하나님이 이스라엘 백성 중에 거하심, 즉 이스라엘의 삶의 한복판에서 자기 백성과 거주지를 같이 하시며 동행하심을 상징한다.

13 가나안을 정탐한 열두 명 중 긍정적인 보고를 하며 "그들은 우리의 먹이라."고 말한 두 사람은 누구인가?

> 답 여호수아, 갈렙

14 신명기 6장에 나오는 '쉐마' 구절을 쓰고 설명하라.

> 답 "이스라엘아 들으라 우리 하나님 여호와는 오직 유일한 여호와이시니 너는 마음을 다하고 뜻을 다하고 힘을 다하여 네 하나님 여호와를 사랑하라(신 6:4~5)." 이는 신명기 전체를 대표하는 말씀으로, 구약의 이스라엘 신앙을 잘 요약해 주고 있다.

15 신명기 역사서에 대해 간략하게 설명하라.
> 답 이스라엘 민족의 가나안 땅 진입에서부터 사사 시대를 거쳐 왕국의 형성과 분열을 경험하고 급기야는 멸망하여 하나님이 주신 땅에서 쫓겨나기까지의 역사를 담고 있는 역사서로, 여호수아부터 열왕기하까지의 책들을 말한다. 이 책들에 나타나는 유일신 사상, 신앙의 순수성, 사랑과 정의의 공동체 등 신앙과 신학적 입장이 바로 앞서 등장하는 신명기에 근거하고 있다.

16 사사기에 등장하는 대사사 여섯 명의 이름을 순서대로 쓰라.
> 답 옷니엘, 에훗, 드보라, 기드온, 입다, 삼손

17 엘리야 시대에 북이스라엘을 다스린 왕과 왕비는 누구인가?
> 답 아합과 이세벨

18 다윗을 왕으로 기름 부은 선지자와 다윗이 죄를 범했을 때 책망한 선지자는 각각 누구인가?
> 답 사무엘, 나단

19 남북 왕국의 초대 왕 이름을 각각 쓰라.
> 답 남 – 르호보암 / 북 – 여로보암

20 여로보암이 금송아지를 세운 두 장소는 어디인가?
> 답 단, 벧엘

21 남유다 왕국에서 가장 좋은 평가를 받는 두 왕의 이름은 무엇인가?

> 답 히스기야, 요시야

22 히스기야가 없앤 느후스단에 대해 설명하라.

> 답 광야 시절 모세가 만들었던 놋뱀으로, 왕국 시대까지 보존되어 백성이 여전히 놋뱀을 향해 분향하자 종교 개혁을 일으킨 히스기야가 그것을 과감히 부수고 붙인 이름이다. 느후스단은 '놋조각'이라는 뜻이다.

23 남북왕국은 각각 어느 왕 때, 어느 제국에 의해 멸망했는가?

> 답 북왕국 – 호세아 왕 때 앗수르 제국에 의해
> 남왕국 – 시드기야 왕 때 바벨론 제국에 의해

24 아닥사스다 왕 때에 유다 총독이 되어 예루살렘 성벽을 재건한 사람은 누구인가?

> 답 느헤미야

25 네 번에 걸쳐 포로에서 돌아온 귀향민들의 지도자 이름을 순서대로 쓰라.

> 답 1차 – 세스바살 / 2차 – 스룹바벨과 여호수아(예수아)
> 3차 – 에스라 / 4차 – 느헤미야

26 에스더에 나타나는 절기 이름과 그 유래에 대해 쓰라.

> 답 부림절 : 바사(페르시아) 시대에 총리대신 하만이 유다인들을 전멸시키기 위해 말살할 날짜를 제비를 뽑아(히브리어 부르) 정한 것에서 유래된 절기이다. 죽을 수밖에 없었던 유대인들은 죽음의 위협에서 하나님이 구원해 주신 것을 기념하여 서로 음식과 선물을 나누며 기쁨의 축제로 지켰다.

27 지혜서(시가서) 다섯 권의 이름을 순서대로 쓰고 배열 원칙에 대해 간략히 설명하라.

> 답 욥기, 시편, 잠언, 전도서, 아가
> 배열 원칙은 사람이 태어난 시대 순서(욥 …▶ 다윗 …▶ 솔로몬)를 따랐다.

28 욥기에 등장하는 세 친구와 마지막 부분에 등장하는 연설자의 이름은 무엇인가?

> 답 세 친구 – 엘리바스, 빌닷, 소발 / 연설자 – 엘리후

29 시편 23편 중 떠오르는 한 구절을 쓰라.

> 답 ¹ 여호와는 나의 목자시니 내게 부족함이 없으리로다
> ² 그가 나를 푸른 풀밭에 누이시며 쉴 만한 물 가로 인도하시는도다
> ³ 내 영혼을 소생시키시고 자기 이름을 위하여 의의 길로 인도하시는 도다
> ⁴ 내가 사망의 음침한 골짜기로 다닐지라도 해를 두려워하지 않을 것은 주께서 나와 함께 하심이라 주의 지팡이와 막대기가 나를 안위하시나이다
> ⁵ 주께서 내 원수의 목전에서 내게 상을 차려 주시고 기름을 내 머리에 부으셨으니 내 잔이 넘치나이다
> ⁶ 내 평생에 선하심과 인자하심이 반드시 나를 따르리니 내가 여호와의 집에 영원히 살리로다

30 예레미야 31장의 새 언약(렘 31:31~34)에 대해 간략히 설명하라.

> 답 옛 언약이 무효화 될 정도로 하나님에 대한 이스라엘의 배신 행위가 너무 커서 하나님은 예레미야를 통해 새 언약을 맺을 구원의 시기가 올 것을 약속하셨다. 여기 등장하는 '새 언약'이라는 표현이 후에 신약 성경의 이름이 되었다.

31 "처녀가 잉태하여 아들을 낳을 것이요 그의 이름을 임마누엘이라 하리라."고 말한 예언자는 누구인가?

> 답 이사야

32 에스겔 37장의 마른 뼈 골짜기 환상에 대해 간략히 설명하라.

> 답 에스겔이 전한 희망의 메시지 중에서 가장 유명한 말씀이다. 에스겔이 이스라엘 백성을 상징하는 마른 뼈들과 눈에 보이지 않는 생기에게 하나님의 말씀을 대언하자, 죽었던 뼈들이 살아나서 큰 군대를 이루었다. 바벨론에 의해 왕국이 무너지고 성전이 파괴되고 포로로 끌려온 절망적인 상황을 하나님께서 회복시켜 주신다는 의미이다.

33 다니엘의 세 친구 이름을 쓰라.

> 답 하나냐(= 사드락), 미사엘(= 메삭), 아사랴(= 아벳느고)

34 "호세아는 이스라엘이 부패와 우상 숭배에 젖어 있는 것에 대해 이스라엘 백성에게 (   )과 (   ) 그리고 (   )이 없기 때문임을 지적했다." 빈칸에 들어갈 단어들을 순서대로 쓰라.

> 답 진실, 인애, 하나님을 아는 지식

35 기원전 8세기 예언자 네 사람의 이름을 북쪽과 남쪽으로 구분하여 쓰라.

> 답 북 – 아모스, 호세아 / 남 – 이사야, 미가

36 요나서의 핵심 메시지를 설명하라.

> 답 하나님의 사랑과 은총, 구원을 이스라엘만 독점할 수 없다는 사실과 이스라엘의 증오 대상이었던 니느웨 사람들이 회개하자 하나님이 징벌을 거두고 용서하신 사실을 통해 회개의 중요성을 일러준다.

37 구약성경에 등장하는 '남은 자' 사상에 대해 간략히 설명하라.

> 답 혼돈과 멸망, 심판의 시기에도 하나님이 구원하시는 소수의 의인들은 늘 존재한다는 사상으로, 구약성경 전반에 걸쳐 나타난다(창 7:23, 겔 9:4~6, 사 10:20~23, 11:11~16, 28:5, 암 5:3~4, 습 3:11~13 등).

38 예언자들이 말하는 '여호와의 날'이란 어떤 날인가?

> 답 유대인들이 전통적으로 생각하던 기쁨과 승리의 날이 아니라, 하나님께서 징벌하시는 무서운 심판의 날을 말한다.

39 스룹바벨과 여호수아(예수아)를 도와 무너진 성전을 다시 재건할 것을 외친 예언자 둘은 누구인가?

> 답 학개, 스가랴

40 금식에 대한 스가랴의 말씀을 요약하라.

> 답 포로기 이후 유대인들이 중요한 종교생활로 여긴 금식에 대해 금식 규례를 지키는 것보다 더 중요한 것은 하나님의 의, 윤리적 요구에 순종하는 것이 더 중요함을 전파했다. 금식을 철저히 할지라도 믿음이 결여된 형식적인 종교생활은 기만에 불과하고, 하나님의 말씀을 따라 진실, 인애, 긍휼을 베푸는 생활을 할 때 하나님은 성실과 정의로 그들의 하나님이 되어주실 것이다.

신약 개론
(신천 과정)

01 "성서는 (　　　) 하나님의 말씀이다." 빈칸에 알맞은 말을 쓰라.
　　📖 살아 계신

02 "무한하신 하나님의 말씀으로서의 성서는 (　　　)를 담고 있다. 그리고 그 (　　　)를 찾는 것이 신앙생활이다."
빈칸에 공통으로 들어갈 말을 쓰라.
　　📖 무한한 의미

03 "설교에서 선포되는 성서의 말씀을 들을 때 우리는 언제나 (　　　) 으로 이해해야 한다. 왜냐하면 그때의 하나님께서 지금도 살아 계셔서 지금 이 순간에도 우리에게 자신의 뜻을 새롭게 전하며 명령하고 계시기 때문이다." 빈칸에 들어갈 말을 쓰라.
　　📖 새로운 말씀

04 "성서를 읽을 때 주체는 읽는 내가 아니라 말씀하시는 (   )이시다." 빈칸에 알맞은 말을 쓰라.

🔲 하나님

05 "구약성서가 하나님의 약속의 책이라면, 신약성서는 약속의 (   )의 책이다." 빈칸에 알맞은 말을 쓰라.

🔲 성취(또는 완성)

06 마가복음에서 예수님이 처음으로 하신 말씀이라고 전하는 1장 15절은 예수님의 전 생애를 요약한 말이라고 볼 수 있다.
그 말씀을 완성하라.
"때가 찼고 (   )가 가까이 왔으니 회개하고 복음을 믿으라."

🔲 하나님의 나라

07 산상설교에서 무엇이 가난한 자는 어떤 복이 있다고 했는가?

🔲 심령, 천국이 그들의 것임이요

08 "하나님께서 인간에게서 원하시는 것은 업적이나 선한 행동보다는 순수하고 온전한 (   )를 원하신다."
빈칸에 들어갈 알맞은 말은 무엇인가?

🔲 인간 자체

09 "마태복음 6장 1~18절에서 예수님은 자선이나 기도나 금식 등의 행위를 할 때에 남에게 보이기 위한 (   )나 (   )으로 하지 말고 오로지 순수한 마음으로 하나님을 향할 것을 요구하신다."
빈칸에 알맞은 단어를 순서대로 쓰라.

🔲 자랑거리, 위선

10 "하나님이 먼저 사랑하시고 먼저 용서하셨기에, 그분의 사랑과 용서를 경험한 자들에게는 그렇게 살 수 있는 가능성이 열렸다. 이렇게 인간이 사랑하고 용서할 수 있는 이유는 하나님께서 먼저 행하신 (　　　　)에 그 근거를 둔다." 빈칸에 들어갈 알맞은 말을 쓰라.

📋 선행 행위

11 "인간은 의롭지 않다. 그래서 하나님의 용서와 함께 의롭다는 (　　　)이 필요하다." 빈칸에 들어갈 말을 쓰라

📋 선언

12 빌립보서 3장 7~9절에서 바울은 자신이 그리스도를 위하여 지금까지 가지고 있던 모든 것을 무엇으로 여긴다 했는가?

📋 배설물

13 사도 바울은 자신이 만일 복음을 전하지 않으면 자신에게 무엇이 있을 것이라고 고백했는가? (고전 9:16)

📋 화가 있을 것

14 "사도 바울은 '오직 예수'만이 구원이라고 말하며 그 외의 모든 것은 교회에 혼란을 일으키는 (　　　)이라고 고백한다."
빈칸에 알맞은 말은 무엇인가?

📋 다른 복음

15 "바울은 그리스도의 십자가가 유대인들에게는 걸림돌이지만, 믿는 자들에게는 하나님의 (　　)과 (　　)라고 고백한다(고전 1:18~25)."
빈칸에 들어갈 말을 순서대로 쓰라.

📋 능력, 지혜

16 고린도후서 6장 2절에서 바울은 "보라 지금은 은혜 받을 만한 때요, 보라 지금은 (   )이로다."라고 선포한다.
빈칸에 들어갈 말을 쓰라.

답 구원의 날

17 사도 바울은 "누구든지 그리스도 안에 있으면 새로운 피조물"이라고 선언하며 이전 것은 지나갔으니 보라 무엇이 되었다고 했는가? (고후 5:17)

답 새 것

18 바울에게 있어서 믿는 자는 무엇에서 자유롭게 된 자인가?

답 죄

19 "바울은 예수 그리스도의 사건은 하나님의 사랑의 사건이자 의롭다 하심의 사건이고, 구원의 사건이며, (   )과 화해하신 (   )의 사건이라고 가르친다." 빈칸에 들어갈 말을 순서대로 쓰라.

답 세상, 구속

20 고린도후서 5장 16절에서 바울은 "비록 우리가 그리스도도 (   )을 따라 알았으나 이제부터는 그같이 알지 아니하노라."고 고백한다. 빈칸에 알맞은 단어는 무엇인가?

답 육신

21 "요한복음에서는 '예수님은 알게 해 주시는 (   )'라는 주제가 강조되어 나타나기 때문에 그와 대조적으로 인간의 무지가 강조되어 있다." 빈칸에 들어갈 알맞은 말은 무엇인가?

답 계시자

22 요한복음 1장 1~18절까지를 무슨 찬가라고 하는가?

답 로고스 찬가

23 "요한복음의 저자는 그리스도는 모르는 것을 알게 해 주시기에 빛이 되시고, 보게 해 주시는 그 빛이 곧 (   )이라고 말한다."
빈칸에 들어갈 말을 쓰라.

답 생명

24 "요한복음 1장 5절은 말씀이 세상에 오셨지만 세상이 (   ) 때문에 빛이신 그분을 알지 못했다고 말하고 있다."
빈칸에 알맞은 말을 쓰라.

답 어둠

25 "'그리스도 안에 있다'는 말은 육적·물질적 세계관을 극복하고 그 너머에 있는 본질의 세계를 향해 자신을 여는 것을 말한다. 육적인 옛 존재란 세상의 모든 것을 자신을 이롭게 하기 위해 존재하는 것으로 보는 (   ) 세계관을 말한다." 빈칸에 들어갈 말을 쓰라.

답 자기중심적(또는 이기적)

26 "육적 세계에서 벗어나서 새 피조물이 된다는 것은 '나'를 중심으로 하는 삶에서 (   )를 중심으로 중심축이 이동하는 삶을 의미한다." 빈칸에 들어갈 알맞은 말을 쓰라.

답 그리스도

27 "하나님의 말씀에 귀를 기울이는 순간, 우리는 내면 깊은 곳에서 육적 사고 너머에 존재하는 (   )을 보게 된다."
빈칸에 들어갈 말은 무엇인가?

📗 신비한 세상

28 "요한복음서 3장에서 예수님은 니고데모에게 '육으로 나는 것'과 '영으로 나는 것'에 대해 말씀하신다. '육으로 나는 것'은 현 존재의 육체성이며 비본래적인 것이고, '영으로 나는 것'은 본래적이며 (   )인 것이다." 빈칸에 들어갈 말을 쓰라.

📗 본질적

29 "영에 속한다는 것은 본질적인 삶을 사는 것을 의미한다. 본질적인 삶이란 하나님께서 만드신 그 뜻에 합당하게 사는 것을 말한다. 즉 하나님께 소속되고 하나님의 지배권 안에 들어감을 의미한다. 그것이 바로 하나님의 통치 권력에 자신을 맡기는 (   )다." 빈칸에 알맞은 말을 쓰라.

📗 하나님 나라

30 "그리스도 안에서 (   )이란 눈에 보이는 현상의 세계가 전부가 아니며, 모든 것을 새롭게 다시 보게 된다는 사실을 깨닫는 것이다." 빈칸에 들어갈 말은 무엇인가?

📗 거듭남

31 예수님은 정말로 보아야 할 것은 보지 못하면서 스스로 본다고 착각하는 바리새인에게 무엇이라고 말씀하셨는가? (요 9:41)

📗 (본다고 하니) 죄가 그대로 있다

32 요한복음 13장 34절에서 예수님이 주신 새 계명은 무엇인가?

📗 서로 사랑하라

33 "서로 사랑하면 우리는 (   )라는 사실을 깨닫게 된다."
빈칸에 알맞은 말을 쓰라.

📋 예수님의 제자

34 "예수님은 자신이 보여 주신 사랑을 대신할 (   )을 약속하심으로 우리를 영적 신비의 세계로 이끄신다."
빈칸에 들어갈 알맞은 말은 무엇인가?

📋 보혜사 성령

35 "예수님은 모든 형태의 억압의 질곡에 묶여 있는 자들을 자유롭게 하시며 (   )시키고자 노력하셨다."
빈칸에 들어갈 단어는 무엇인가?

📋 해방

36 "예수님을 그리스도로 고백한 제자들은 예수께서 '하나님의 일'을 하셨듯이 그 뜻을 받들어 복음 사역을 지속했다. 그 결과 오늘날에도 지속되는 (   ) 공동체가 생겼다."
빈칸에 들어갈 알맞은 단어는 무엇인가?

📋 교회

37 "이 땅에 교회가 있다는 것은 하나님 나라가 세워졌다는 것이며, 이 땅에 그 나라가 있다는 것은 (   )이다."
빈칸에 들어갈 알맞은 단어는 무엇인가?

📋 기적

38 "영적 세계의 신비에 대해 경외감을 가지고 하나님을 대하는 태도가 바로 (   )이다."
빈칸에 들어갈 단어를 쓰라.

🖺 순종

39 "성서의 영적 세계는 보려 한다고 해서 볼 수 있는 것이 아니라 보게 해 주시는 분의 능력으로만 볼 수 있는 (　　)의 세계다. 이 세계에 대해 우리는 경외감을 가져야 한다."
빈칸에 들어갈 단어는 무엇인가?

🖺 신비

40 "사도 바울은 자신을 예수님의 (　　　　)로 표현하며, 세상에 대해서는 그리스도와 함께 죽고 하나님께 대하여는 매일 부활한다고 고백하였다."
빈칸에 들어갈 말을 쓰라.

🖺 흔적을 지닌 자

교리와 장정
(신천·이명 과정)

01 "감리회 교리와 장정의 기본 체제는 의회제도에 기초한 (   )이며, (   )이 중심이 되는 (   )제다."
빈칸에 들어갈 말을 순서대로 쓰라.

답 감독제, 감독, 중앙집권

02 루터는 중세 가톨릭교회가 선행으로 의로워질 수 있다고 가르친 것을 비판하면서 오직 무엇으로 의롭다 함을 얻는다고 주장했는가?
① 믿음   ② 소망   ③ 사랑   ④ 의

답 ①

03 쯔빙글리와 칼빈이 이끌었던 스위스 개혁교회가 1563년에 작성한 교리문답은 무엇인가?

답 하이델베르크 교리문답

04 "웨슬리는 39개조 중에서 칼빈의 (　　)론이 들어간 17조, 칼빈의 출교 정신을 반영한 33조, 영국국교로서 영국 (　　)가 세속 권세에 복종할 것을 강조한 37조 등 모두 14개조를 삭제하고 (　　)로 감리회의 종교강령을 확정했다." 빈칸에 들어갈 단어들을 쓰라.

> 답 예정, 성공회, 25개조

05 종교의 강령 중 '제8조 자유의지'에 대해 아는 대로 쓰라.

> 답 아담이 범죄 한 이후로 인류의 정황이 그와 같이 되어 자기의 본연의 능력과 사업으로서 마음으로 돌이키며 준비하여 신앙에 이르러 하나님을 경모하지 못한다. 그러므로 하나님께서 그리스도로 말미암아 우리에게 주시는 선한 의지를 얻게 하시는 은혜가 아니면 우리가 하나님의 기뻐하시고 받으실 만한 선한 사업을 행할 능력이 없고 선한 의지가 우리에게 있을 때에는 그 은혜가 우리와 함께한다.

06 아래의 빈칸을 채워 종교의 강령 '제9조 사람을 의롭게 하심'의 내용을 완성하라.
"하나님 앞에서 우리가 의롭다 하심을 얻은 것은 오직 구주 예수 그리스도의 (　　)로 인하여 (　　)으로 말미암음이요, 우리의 행한 것이나 당연히 얻을 것을 인함이 아니다. 그런즉 우리가 (　　)으로만 의롭다 함을 얻는다 하는 것이 가장 유익하고 위로가 넘치는 도리이다."

> 답 공로, 믿음, 믿음

07 빈칸을 채우고, 종교의 강령 중 몇 조 무엇에 대한 내용인지 쓰라.
"(　　)과 사죄와 우상과 유물에 경배하고 존중함과 성인의 이름으로 기도함에 관한 로마교의 도리는 허망하고 위조한 것이다. 성경에 빙거할 수 없을 뿐더러 하나님의 말씀에 반항하는 것이다."

> 답 연옥, 제14조 연옥

08 종교의 강령 '제16조 성례'에서 성례로 인정하는 두 가지를 쓰라.

　답　세례, 주의 만찬

09 감리교 신앙의 강조점 일곱 가지를 쓰라.

　답　① 선행적 은혜　② 칭의와 확증　③ 성화와 완전　④ 믿음과 선행　⑤ 은혜의 수단과 교회　⑥ 선교와 봉사　⑦ 세상의 종말과 하나님 나라

10 (①~③)에 들어갈 단어들을 쓰라.

"기독교대한감리회는 진정한 (①　　), 진정한 감리교회, 진정한 한국 교회가 되기 위하여 기독교 신앙의 핵심이 (②　　)에 계시되었고, 전통에 의해 조명되고, 개인적 경험에 의해 살아 움직이게 되며, 이성에 의해 확인된다는 (③　　)의 유산을 계승하여 복음이 한국 문화에 뿌리 내려 열매 맺게 하는 신학을 수립해야 할 것이다."

　답　① 기독교회　② 성경　③ 웨슬리

11 1930년 사회신경에서 다룬 주제가 아닌 것은 무엇인가?

① 인종과 국적의 차별 철폐　② 여성의 지위 향상
③ 병약한 이들의 사회적 보호　④ 노동자의 적합한 대우

　답　③

12 1997년 사회신경에 대하여 요점만 간단히 쓰라.

　답　① 하나님의 창조와 생태계의 보존　② 가정과 성, 인구 정책　③ 개인의 인권과 민주주의　④ 자유와 평등　⑤ 노동과 분배, 정의　⑥ 복지 사회 건설　⑦ 인간화와 도덕성 회복　⑧ 생명 공학과 의료 윤리　⑨ 그리스도의 유일성과 정의 사회 실현　⑩ 평화적 통일　⑪ 전쟁 억제와 세계 평화

13 교인을 어떻게 구분하는지 쓰라.

답 원입인, 세례아동, 세례인, 입교인

14 평신도 임원은 어떻게 구분하는가?

답 집사, 권사, 장로

15 사역자와 교역자는 어떻게 구분하는가?

답 사역자는 심방전도사와 교육사로 구분하고, 교역자는 연회 정회원, 준회원, 협동회원, 서리담임자 및 전도사로 구분한다.

16 개체교회의 부서 일곱 가지를 쓰라.

답 ① 선교부 ② 교육부 ③ 사회봉사부 ④ 예배부 ⑤ 문화부
    ⑥ 재무부 ⑦ 관리부

17 교인이 준행해야 하는 의무 다섯 가지 이상을 쓰라.

답 ① 예수 그리스도를 구주로 사람들에게 증거한다.
    ② 매일 성경을 읽으며 기도한다.
    ③ 예배, 기도회, 속회, 교회학교, 사경회, 부흥회, 그 밖의 모든 은혜 받는 집회에 참석한다.
    ④ 감리회의 『교리와 장정』을 공부하고 이를 지킨다.
    ⑤ 교회의 의무금(십일조)과 교회사업에 대한 헌금을 낸다.
    ⑥ 교회의 임원이나 직무를 맡았을 때에는 충실하게 이를 수행한다.
    ⑦ 감리회에서 발행하는 기관지와 서적 등을 구독한다.
    ⑧ 교인은 지역사회에서 섬기는 일에 솔선수범한다.
    ⑨ 교인은 환경을 사랑하고 보존하는 일에 솔선수범한다.
    ⑩ 교인은 사회신경을 준수하며, 한 남자와 한 여자의 결혼을 통해 구성된 가정의 신성함을 존중한다.

18 개체교회의 권사의 정수에 대하여 쓰라.

> 🖹 입교인 10명에 1명의 비율로 선출한다. 입교인 10명이 되지 못하는 경우에는 1명의 권사를 선출할 수 있다. 또 60세 이상 된 권사는 정수에서 제외하고 그 해당 수의 권사를 선출할 수 있다.

19 개체교회가 선출할 수 있는 장로의 정수에 대하여 쓰라.

> 🖹 입교인 30명에 1명의 비율로 선출한다. 다만, 입교인 수가 30명에 미달하는 교회도 1명의 장로를 선출할 수 있다. 65세 이상 된 장로는 정수에서 제외하고 그 해당 수의 장로를 선출할 수 있다.

20 장로의 은퇴 기준에 대한 내용이다. (①~③)에 들어갈 알맞은 말을 쓰라.

"장로는 (①) 말 기준으로 (②)가 된 당해연도 지방회에서 은퇴할 수 있다. 다만 (③) 이상이면 자원 은퇴할 수 있다."

> 🖹 ① 2월 ② 70세 ③ 65세

21 부담임자의 파송 제한에 대한 내용이다. 맞는 것은 무엇인가?

① 교회 여건에 따라 부담임자를 시무 중에 있는 교회의 담임자로 파송할 수 있다.
② 입교인 80인 이하의 교회에는 부담임자를 파송할 수 없다.
③ 교회를 분리하여 새로 교회를 설립하는 경우에는 구역회의 결의가 있어야 한다.
④ 부담임자의 파송에 관하여는 특별한 제한 규정이 없다.

> 🖹 ③

22 감리회 의회의 종류를 모두 쓰라.

> 🖹 당회, 구역회, 지방회, 연회, 총회

23 당회의 구성 요건을 쓰라.

🔲 ① 예배 처소가 있어야 한다. 기도처는 이에 해당하지 않는다.
　② 등록된 입교인 12인 이상의 교적을 보유하고 있어야 한다.

24 구역회에 대한 설명이다. (①~③)에 들어갈 알맞은 말을 쓰라.
"구역회는 개체교회 1개소 이상, 입교인 (①　) 이상이 있고 담임자의 생활비와 각종 (②　)을 납부할 수 있어야 구성된다. 구역회 안에 교역자 인사에 관한 문제를 협의 처리하기 위하여 (③　) 가 있다."

🔲 ① 12명　② 부담금　③ 구역인사위원회

25 지방회 구성에 관한 내용이다. (①~④)에 들어갈 알맞은 말을 쓰라.
- 지방회는 (①　) 이상의 구역과 (②　) 이상의 연회 정회원이 있어야 구성된다.
- 국외지방회는 선교지방회로 (③　) 이상의 구역과 (④　) 이상의 연회 정회원으로 구성된다.

🔲 ① 23개소　② 10명　③ 10개소　④ 8명

26 지방회 조직에 대한 내용이다. 맞는 것은 무엇인가?
① 교회 경제법에 정한 대로 부담금을 완납하지 아니한 구역의 대표는 피선거권이 없다.
② 각 구역은 3명 이상의 대표를 지방회에 보낸다.
③ 소유하고 있는 모든 부동산을 재단법인 기독교대한감리회 유지재단 명의로 등기하지 않은 개체교회 대표는 회원권이 없다.
④ 지방회에 소속한 교회의 평신도 선교사는 지방회 특별회원으로 예우한다.

🔲 ④

27 연회 조직에 대한 내용이다. 맞는 것은 무엇인가?

① 연회는 정회원 교역자들과 이와 동수로 각 지방회에서 선출한 평신도 대표들로 조직한다.

② 교회 경제법으로 정한 부담금을 전년도 12월까지 완납하지 아니한 구역의 대표는 회원권이 없다.

③ 전임으로 목회, 사역하지 않는 이가 부담임자나 소속교역자로 적을 둔 교회의 교역자와 평신도는 모든 의회에서 선거권만 가질 수 있다.

답 ②

28 기독교대한감리회에 조직돼 있는 연회를 모두 쓰라.

답 서울연회, 서울남연회, 중부연회, 경기연회, 중앙연회, 동부연회, 충북연회, 남부연회, 충청연회, 삼남연회, 호남특별연회, 미주자치연회, 서부선교연회

29 총회에 대한 내용이다. (①~③)에 들어갈 단어들을 쓰라.

"총회는 감리회의 (①   )에 관한 사항을 관장하는 (②   )로서 감리회의 주요 정책과 주요 행정사항을 심의 의결하며 선출된 감독과 감독회장의 취임식을 거행한다. 다만, 입법 업무는 총회 안에 (③   )를 따로 설치하여 전담하게 한다."

답 ① 입법과 행정 ② 최고 의회 ③ 입법의회

30 총회는 교역자와 평신도 대표 몇 명으로 구성하는가?

답 1,500명 이내

감리교회사
(신천·이명 과정)

01 한국인 최초의 세례는 언제 누구에게 이루어졌는가?

> 답 1879년 김진기, 백홍준, 이응찬, 이성하로 알려진 네 명이 세례를 받았다.

02 첫 한글 성경의 이름은 무엇이며, 언제 발행되었는가?

> 답 『예수셩교 누가복음젼셔』, 1882년

03 가우처 목사는 한국 감리교회 선교와 어떤 관계가 있는가?

> 답 해외 선교를 지원하던 미감리회의 가우처 목사는 1883년 보빙사절단을 이끌고 미국을 방문 중이던 민영익을 기차 안에서 만났다. 민영익과 교제를 나누던 가우처 목사는 한국 선교를 결심하고, 미감리회 국외선교부에 한국 선교를 촉구하며 선교비 2천 달러를 보냈다. 이어 일본에서 활동하던 매클레이 선교사에게 한국을 방문해 선교의 가능성

을 알아보도록 부탁했다. 이처럼 가우처 목사는 '에디오피아 내시 앞에 나타난 빌립'처럼 은둔의 나라의 복음화에 크게 기여했다.

04 매클레이 선교사는 한국 감리교회를 위해 어떤 역할을 했는가?

답 일본 주재 선교사로 있던 매클레이는 가우처 목사의 한국 방문 요청을 하나님의 명령으로 받아들였다. 1884년 6월 24일 기독교 선교사로 처음 서울에 도착한 그는 학교와 병원 설립을 고종에게 청원하였다. 고종이 이를 허락함으로 교육과 의료를 통한 한국 선교의 문이 열리게 되었다.

05 한국 감리교회를 개척한 삼총사는 누구인가?

답 의료 선교사 스크랜턴, 교육 선교사 아펜젤러, 스크랜턴 의사의 어머니 스크랜턴 대부인

06 아펜젤러는 언제 한국에 도착하였는가?

답 일본에 도착하여 한국에서 발생한 갑신정변의 혼란이 진정되기를 기다리던 아펜젤러 부부는 일행 중 먼저 제물포에 도착했다. 그날은 1885년 4월 5일 부활주일 오후였다. 그러나 상황이 불안정해 아펜젤러 부부는 제물포에 한 주간 머물다가 일본으로 되돌아갔다. 6월에 다시 한국에 온 아펜젤러 부부는 제물포에 머물다가 7월 29일 서울 정동에 정착한 후 본격적인 활동을 시작했다.

07 한국에 정착한 초기 선교사들이 한 활동은 무엇인가?

답 선교사들은 그들에게 허용된 병원 사업과 학교 사업을 진행했다. 스크랜턴은 정동에 '시병원'을 설립하고 본격적인 의료 활동을 시작했다. 아펜젤러는 근대식 중등교육기관인 '배재학당'을 설립했고, 스크랜턴 대부인은 '이화학당'을 세워 여성들을 대상으로 한 교육 활동을 시작했다.

08 한국 감리교회의 첫 세례인은 누구이며 언제 받았는가?

> 배재학당 학생이었던 박중상이 1887년 7월 24일 아펜젤러에게 세례를 받았다.

09 한국 감리교회의 첫 신앙 공동체는 어떻게 설립되었는가?

> 세례받은 한국인들이 성경공부와 예배를 할 수 있는 공간이 필요하자 집 한 채를 구입해 '벧엘예배당'이라 명명하였다. 1887년 10월 9일 이곳에서 첫 예배를 드림으로 한국 감리교회의 첫 신앙 공동체가 형성되었고, 이는 정동제일교회로 발전했다.

10 엡윗청년회는 어떤 단체인가?

> 엡윗청년회는 감리교회의 청년단체를 일컫는 명칭으로, 엡윗(Epworth)은 감리교회 창시자인 웨슬리가 출생하고 성장한 영국의 지명에서 따온 것이다. 한국에서는 1897년에 조직되어 교회의 청년운동을 주도했고, 미래의 교회를 이끄는 수많은 지도력을 배출했다.

11 한국에서 최초로 목사 안수를 받은 두 사람은 누구인가?

> 김창식, 김기범

12 남감리회가 한국에 선교하도록 주선한 한국인은 누구인가?

> 윤치호이다. 그는 미국에 유학하는 동안 각종 선교 집회에 참석하여 한국 선교를 호소했고, 귀국 후에는 한국의 선교 상황을 알리며 남감리회에 선교사 파송을 요청했다.

13 한국 교회의 부흥운동에 불을 붙인 이는 누구인가?

> 한국 교회의 부흥운동에 불을 붙인 주역은 남감리회의 하디 선교사다. 하디는 1903년 8월 원산에서 열린 선교사들의 기도 모임을 준비하면

서 성령을 체험했다. 하디가 자신의 무능을 고백하자 다른 선교사들과 한국인 교인들도 깊은 감동을 받아 자신들의 죄를 고백했고, 이는 '원산부흥운동'의 시작이 되었다. 이후 이 부흥운동은 개성, 서울, 평양 등지로 퍼져 나가 1907년 평양대부흥운동, 1909년 백만명구령운동으로 연결돼 한국 교회가 급성장하는 결과를 이루어 냈다.

14 상동교회의 민족운동은 어떤 것이었는가?

답 상동교회는 1900년대 초기 민족운동의 요람이었다. 특히 전덕기 목사가 주도한 상동교회 청년회는 민족과 나라를 위한 활동에 적극 나서며 수많은 지도자들을 배출했다. 을사조약이 체결되었을 때는 이를 반대하는 구국기도회를 이끌면서 을사조약 무효상소운동에 나섰고, 1907년에는 헤이그 밀사 파견을 주도했다.

15 3·1운동에 주도적으로 참여한 감리교인들은 어떠한 활동을 펼쳤는가?

답 3·1운동 민족대표 33인에 속해 서명한 감리교인은 이필주, 박동완, 오화영, 최성모, 신석구, 신홍식, 박희도, 김창준, 정춘수 등 9명이다. 그리고 정재용은 탑골공원에서 독립선언문을 낭독했고, 정동제일교회를 담임했던 손정도 목사와 현순 목사는 상하이로 파견되어 한국인의 독립 의지를 전 세계에 전하는 역할을 했다. 한편 '한국의 잔다르크'로 불린 이화학당 학생 유관순과 평양 남산현교회 박석훈 목사 등은 옥중에서 순국하였다.

16 기독교조선감리회는 언제 창립했는가?

답 1930년 12월 2일

17 기독교조선감리회 설립의 3대 원칙은 무엇인가?

답 진정한 기독교회, 진정한 감리교회, 한국적 교회

18 최용신 전도사의 농촌운동은 어떤 것이었는가?

> **답** 최용신 전도사는 황폐화된 농촌을 살리기 위해 경기도 안산의 샘골에서 어린이들과 부녀자들을 대상으로 농촌운동을 전개했다. 그는 심훈 소설 『상록수』의 실제 주인공으로 알려져 있다.

19 절제운동은 무엇이며 누가 주도하였는가?

> **답** 절제운동은 일제가 이식한 퇴폐적 향락 문화가 가져올 개인적·사회적·민족적 파멸을 우려하여 금주, 단연, 아편 금지, 공창 폐지 등을 주장한 정신운동이다. 손메레, 이효덕 등이 앞장서 활동한 절제운동은 신앙운동이라는 측면을 넘어 '죽어가는 조선을 살리기' 위해 일제에 대항한 적극적인 민족운동이었다.

20 일제 말기 박해 속에서도 신앙의 절개를 지킨 이들은 누구인가?

> **답** 일제 말기의 박해 상황에서도 신앙의 절개를 지킨 대표적인 신앙인들은 강종근 목사(철원읍교회), 권원호 전도사(회양읍교회), 최인규 권사(천곡교회) 등이다. 이들은 신사참배를 거부하고 투쟁하다가 옥중에서 순교하는 수난을 당했다.

21 해방 직후 한국 감리교회가 해결해야 할 과제는 무엇이었는가?

> **답** 8·15 해방을 맞은 한국 감리교회에는 일제에게 강요받았던 잘못된 신앙 형태와 잔재를 바로 잡아 교회를 재건하고, 민족의 독립을 위해 헌신해야 하는 과제가 있었다.

22 해방 직후 북한 지역의 감리교회 형편은 어떠했는가?

> **답** 8·15 해방 후 국토가 남북으로 나뉘면서 북한 지역의 감리교회는 공산주의 세력의 박해로 극심한 수난을 받았다. 이후 계속된 탄압과 한국전쟁으로 인해 북한의 교회들은 지하로 숨었고, 교인들은 신앙의 자유를 찾아 월남하여 실질적인 교회 역사의 맥이 끊어졌다.

23 한국전쟁은 한국 감리교회에 어떤 영향을 끼쳤는가?

답 교회 지도급 인사들이 납북 혹은 순교로 희생당했고, 수많은 교회당이 불타거나 파괴되었다. 하지만 미국 교회 등의 도움을 받아 전쟁 피해 복구 작업을 신속하게 마무리했고, 감리교회의 선교가 이루어지지 않았던 경상도, 전라도, 제주도 지역에 교회를 개척하여 '남부연회'를 형성할 정도의 발전을 이루었다.

24 1968년 온양에서 개최된 선교정책협의회는 어떤 의미를 갖는가?

답 온양선교정책협의회를 계기로 한국 감리교회는 조직과 행정, 경제적인 면에서 독립하여 미국 교회와 선교의 동반자가 되었다.

25 한국 감리교회는 어떠한 내적 분열을 겪었는가?

답 해방 직후 일제의 잔재 청산 문제를 놓고 '재건파'와 '복흥파'로 분열되었다가 1949년 4월 하나가 되었다. 한국전쟁 기간 동안에는 내재되었던 갈등과 교권 다툼의 표출로 '총리원측'과 '호헌파'로 나뉘었다가 1959년 합동하였다. 1970년대에도 '경기연회'와 '갱신측'의 분열이 있었지만 다시 통합하여 '하나 된 감리교회'의 전통을 이어갔다.

26 한국 감리교회가 시도한 사회참여적인 선교 활동에는 어떤 것들이 있는가?

답 1961년 산업선교를 시작으로 노동자, 농민, 도시 빈민들의 인권 회복과 노동 환경의 구조적 개선을 위해 노력했다. 1970년 이후에는 민주화운동, 통일운동, 환경운동으로 그 맥이 이어졌다.

27 '5천 교회 1백만 신도운동'은 어떤 운동인가?

답 한국 감리교회의 양적 성장을 가져온 부흥운동으로, 1974년 총회에서 결의한 후 10년 동안 전국 교회와 성도들의 적극적인 참여 속에서 추진되었다.

28 한국 감리교회가 1984~85년에 추진한 선교 100주년 행사에는 어떤 것들이 있는가?

답 매클레이가 서울에 도착한지 100년이 되는 1984년 6월 24일을 전후하여 '100주년 기념 국제대회'와 '100주년 기념 연합예배'를 개최했고, 아펜젤러 내한 100년이 되는 날인 1985년 4월 5일에는 '100주년 기념대회'를 열어 '100주년 기념대회 선언문'을 채택했다.

29 100주년 기념대회 선언문은 어떤 내용을 담고 있는가?

답 '100주년 기념대회 선언문'은 감리교회의 지난 100년 활동을 정리하고 앞으로 열릴 선교 2세기를 전망하는 신앙과 신학적 입장을 밝히면서 복음의 역군으로 충성할 것을 다짐하는 내용이다.

30 한국 감리교회의 감독제는 어떻게 변하였는가?

답 한국 감리교회는 중앙집권적인 감독제도를 채택하고 있다. 1930년 초대 총리사(감독)를 선임한 이후 한 명이 다스리는 전임감독제를 시행해 왔다. 그러나 이 감독제로 인해 교권 다툼과 교회 분열이 이어지자 이를 극복하기 위해 1976년부터 2년 임기의 복수감독제를 채택하여 각 연회별로 감독을 선임했다. 2004년부터는 4년 임기의 전임감독회장제를 실시하여 오늘에 이르고 있다.

5

설교학
(신천 과정)

01 "예수께서 온 갈릴리에 두루 다니사 그들의 회당에서 가르치시며 천국 복음을 전파하시며 백성 중의 모든 병과 모든 약한 것을 고치시니." 마태복음 4장 23절에 나타난 예수님의 세 가지 사역은 무엇인가?

① 전도 여행, 나눔, 치유　　② 가르침, 복음 전파, 치유
③ 가르침, 천국 복음, 봉사　　④ 나눔, 복음 전파, 치유

답 ②

02 개신교회의 말씀 중심의 예배는 예수님 당시 유대교 회당 예배에 뿌리를 두고 있다. 회당 예배의 중심은 무엇인가?

① 만찬과 기도　　② 기도와 치유
③ 성경 낭독과 해설　　④ 성경 낭독과 치유

답 ③

03 '설교하다'에 해당하는 헬라어 동사는 '케루소'이다. 아래에서 이 동사가 가지고 있는 뜻이 아닌 것은 무엇인가?

① 선포하다 ② 전달하다 ③ 설교하다 ④ 가르치다

답 ④

04 "이르시되 우리가 다른 가까운 마을들로 가자 거기서도 (   )하리니 내가 이를 위하여 왔노라 하시고 이에 온 갈릴리에 다니시며 그들의 여러 회당에서 (   )하시고 또 귀신들을 내쫓으시더라."
마가복음 1장 38~39절은 예수님의 설교 사역의 성격을 잘 묘사하고 있다. 빈칸에 들어갈 단어들로 알맞은 것은 무엇인가?

① 사랑, 전도 ② 사랑, 친교 ③ 전도, 전도 ④ 전도, 축사

답 ③

05 "예수 그리스도는 (   ) 오늘이나 (   ) 동일하시니라."
히브리서 13장 8절 말씀은 설교자가 선포해야 하는 복음의 핵심을 증거하고 있다. 빈칸에 들어갈 단어들로 알맞은 것은 무엇인가?

① 어제나, 영원토록   ② 어제나, 언제나
③ 언제나, 영원토록   ④ 언제나, 내일이나

답 ①

06 "너희가 내 (   )에 거하면 참으로 내 제자가 되고 진리를 알지니 진리가 너희를 (   ) 하리라."
요한복음 8장 31~32절 말씀은 제자가 누리는 최고의 기쁨을 제시하고 있다. 빈칸에 들어갈 단어들로 알맞은 것은 무엇인가?

① 말, 자유롭게   ② 진리, 온전하게
③ 안, 거룩하게   ④ 사랑, 풍요롭게

답 ①

07 설교자는 예수 그리스도를 통해 성취된 하나님의 사랑과 공의를 증거해야 한다. 설교자가 집중해 선포해야 하는 예수님의 사건은 무엇인가?
① 탄생과 기적　　② 기적과 사랑
③ 십자가와 부활　　④ 십자가와 심판
답 ③

08 "교회는 (　　)가 지금도 세상을 다스리는 (　　)이심을 선포하기 위해서 주일 예배를 드린다." 빈칸에 들어갈 단어들로 알맞은 것은 무엇인가?
① 창조주, 통치자　　② 예수 그리스도, 주님
③ 구세주, 주인　　④ 전지전능하신 주, 통치자
답 ②

09 교회가 안식일이 아닌 안식일 다음 날을 '주님의 날(the Lord's Day)'로 삼고 예배 모임을 갖는 이유는 무엇인지 쓰라.
답 유대인의 안식일 회당 예배에 참여했던 초기 성도들은 점차적으로 예수 그리스도께서 죽음에서 다시 사신 날을 '주님의 날'로 삼고 주일 예배를 드렸다.

10 설교 사역의 궁극적인 목적은 무엇인가?
① 윤리적 기준 제시　　② 하나님의 심판을 선포
③ 예수 그리스도의 복음을 선포　　④ 성령의 은사를 나타냄
답 ③

11 "중세 천주교 미사는 회중이 이해하지 못하는 (　　)로 집례되었으며, 성찬의 떡과 포도주는 (　　)들만의 것이 되었다."

빈칸에 들어갈 단어들로 알맞은 것은 무엇인가?
① 라틴어, 사제　　② 독일어, 사제
③ 영어, 평신도　　④ 라틴어, 평신도

답 ①

12 "(　　)이 억압당하는 상황 속에서, 종교 개혁자들은 (　　) 사역을 통해서 복음의 진리가 명확히 드러나게 하였다."
빈칸에 들어갈 단어들로 알맞은 것은 무엇인가?
① 회중, 성찬　② 복음, 설교　③ 회중, 기도　④ 말씀, 기도

답 ②

13 설교자가 주일 예배에서 선포해야 하는 복음의 중심 주제는 무엇인가?
① 종말과 예수님의 재림　　② 창조 질서와 심판
③ 살아 계신 예수 그리스도　④ 복음에 대한 성도의 응답

답 ③

14 "진리가 언어를 통해서 선포된다는 점에서 설교는 (　　) 사건이고, 진리가 선포되는 곳에 구원과 치유의 능력이 나타난다는 점에서 (　　)의 사역이다."
빈칸에 들어갈 단어들로 알맞은 것은 무엇인가?
① 인간적, 치유　② 선교적, 은사　③ 실천적, 이적　④ 언어적, 능력

답 ④

15 "예수 그리스도의 진리가 전파되는 곳에 자유와 해방이 나타나는 이유는 (　　)은 하나님의 구원을 이루는 (　　)이기 때문이다."
빈칸에 들어갈 단어들로 알맞은 것은 무엇인가?

① 복음, 사랑   ② 복음, 능력   ③ 믿음, 능력   ④ 사랑, 지혜

답 ②

16 "예수님은 제자들에게 권세를 주시고 능력 있게 복음을 증거하게 하셨다. 제자들은 사람들에게 (   )를 선포하며, 사람들을 죄와 질병에서 (   )을 경험하게 하였다." 빈칸에 들어갈 단어들은 무엇인가?
① 자유, 능력   ② 진리, 희망   ③ 희망, 소망   ④ 진리, 해방

답 ④

17 누가복음 5장 15절은 예수님의 설교 사역의 영향력을 증거하고 있다. 빈칸에 들어갈 알맞은 단어를 순서대로 쓰라.
"예수의 소문이 더욱 퍼지매 수많은 무리가 (   )도 듣고 자기 (   )도 고침을 받고자 하여 모여 오되."

답 말씀, 병

18 누가복음 24장 19절은 예수님의 설교와 표적을 증거한다. 빈칸에 들어갈 단어를 순서대로 쓰라.
"나사렛 예수의 일이니 그는 하나님과 모든 백성 앞에서 (   )과 (   )에 능하신 선지자이거늘."

답 말, 일

19 어느 시대나 진실한 설교자는 복음 되신 그리스도를 선포하면서, 복음의 능력 가운데 사람들에게 진리와 자유를 경험하게 한다. 설교자가 선포할 복음의 핵심적인 내용은 무엇인가?

답 설교자가 전할 복음의 내용은 예수 그리스도로, 예수 그리스도의 십자가와 부활 사건을 통해 증거된 하나님의 사랑과 공의를 증거해야 한다. 그리고 부활하신 예수님이 지금도 살아 계시며, 다시 오셔서 모든 것을 심판하실 것을 선포해야 한다.

20 설교를 통해 자유와 해방의 표적이 나타날 때에, 사람들은 예수 그리스도의 복음이 진리라는 것을 확인하게 된다. 그러나 표적 자체는 진리가 아니다. 설교와 표적의 관계를 설명하라.

🔲 예수 그리스도의 복음이 충실하게 증거될 때 믿음으로 설교를 듣는 사람들에게 자유와 해방과 치유의 역사가 나타난다. 이에 설교자와 설교를 듣는 청중은 진리 되신 예수 그리스도가 선포될 때에 표적이 나타날 것을 기대한다. 그러나 조심해야 할 것은 표적이 복음의 진리는 아니라는 사실이다. 표적은 진리를 확인해 주는 하나님의 선물로, 표적이 없어도 예수 그리스도는 진리이시다.

임원 지침
(신천·이명 과정)

01 감리회의 교인은 직분에 따라 어떻게 구분하는가?
   답 평신도 임원, 사역자, 교역자로 구분하고 있다.

02 임원의 바람직한 사회생활로 적합한 것을 모두 고르라.
   ① 진실한 생활   ② 강직한 사고
   ③ 책임 있는 모습   ④ 신앙적인 모범
   답 ①, ③, ④

03 임원의 바람직한 가정생활에 대하여 쓰라.
   답 그리스도를 믿는 가정은 사랑을 구체적으로 실천하는 보금자리이자 서로를 깊이 신뢰하는 영혼의 안식처가 되어야 한다. 따라서 가정생활을 성공적으로 이끌려면 하나님 중심으로 살고, 가정 예배를 드리며, 무엇보다 믿음으로 사는 가정이 되어야 한다.

04 임원의 바람직한 개인생활에 대하여 쓰라.

> 답 임원의 개인생활은 임원 각자 가져야 할 경건한 생활을 말한다. 개인의 경건이 바로 설 때 가정의 구원이 성취되고 타인을 구제하는 사회생활로 발전해 갈 수 있다. 성경은 경건생활에 관하여 세 가지 길을 제시하고 있는데 그것은 하나님께 영광을 돌리는 찬송과 기도생활, 성경을 읽고 연구하며 묵상하는 일, 때를 얻든지 못 얻든지 복음을 전파하는 일이다.

05 집사의 자격 요건 가운데 맞지 않는 것을 모두 고르라.
① 신앙이 돈독하고 감리회의 『교리와 장정』을 공부한 사람
② 감리회에서 입교인이 된 후 3년 이상 경과되고 60세 미만인 사람
③ 감리회에서 제정한 집사 과정고시에 합격한 사람
④ 다른 이에게 신앙적으로 권면할 능력이 있는 사람

> 답 ②, ④

06 집사의 직무 가운데 두 가지 이상 쓰라.

> 답 ① 교인된 의무를 열심히 수행하여 교인의 모범이 된다.
> ② 기도생활과 전도, 봉사 등으로 교회 부흥에 앞장선다.
> ③ 개체교회의 선교부, 교육부, 사회봉사부, 예배부, 문화부, 재무부, 관리부, 기타 부서에 소속하여 맡은 바 직무에 봉사한다.

07 권사의 직무 가운데 맞는 것을 모두 고르라.
① 신자들을 심방하고 낙심한 이들을 권면하며 불신자에게 전도한다.
② 전도사님의 지도에 따라 기도회를 인도한다.
③ 속회를 분담하여 성경을 가르치며 신앙생활을 지도한다.
④ 자기가 수행한 직무를 정해진 서식에 따라 구역회에 보고한다.

> 답 ①, ③

08 권사의 자격 요건 가운데 맞는 것을 모두 고르라.
① 감리회에서 집사로 5년 이상 그 직을 연임한 40세 이상 되고 70세 미만인 사람
② 기도회를 인도하고 다른 이에게 신앙적으로 권면할 능력이 있는 사람
③ 신앙이 돈독하고 감리회의 종교강령을 공부한 사람
④ 권사는 가급적 인가귀도 된 사람으로 한다.
📖 ②, ④

09 야고보서 5장 14절 말씀의 빈칸에 들어갈 말을 순서대로 쓰라.
"너희 중에 병든 자가 있느냐 그는 교회의 장로들을 청할 것이요 그들은 (　　)으로 기름을 바르며 그를 위하여 (　　)할지니라."
📖 주의 이름, 기도

10 "장로는 군림하는 자리가 아닌 교회를 튼튼히 세워 가는 (　　)의 역할을 감당해야 한다. 신앙과 인격이 사람들의 존경을 받을 만하고, (　　)가 충만하여 성도들을 위로하고 섬길 수 있어야 한다."
빈칸에 들어갈 알맞은 말을 쓰라.
📖 주춧돌, 성령의 지혜

11 다음은 장로의 파송에 관한 사항이다. (①~③)에 들어갈 알맞은 말을 쓰라.
"신천장로와 복권되는 장로는 (①　　)에서 품행 통과를 받은 후 감리사가 그 지방회 내의 교회에 파송한다. 장로가 다른 교회로 이명하는 경우에도 소속 지방회 (②　　)의 파송을 받는다. 다른 지방회에서 이명하여 오는 장로는 지방회 (③　　)의 동의를 받아 감리사가 파송한다."
📖 ① 지방회 ② 감리사 ③ 인사위원회

12 장로의 직무 가운데 세 가지 이상 쓰라.

> 답 ① 감리사의 파송을 받은 교회에서 담임자를 도와 예배, 성례, 그 밖의 행사 집행을 보좌한다.
> ② 담임자를 도와서 교회 임원들의 활동을 지도한다.
> ③ 교인들을 심방하며 신앙을 지도한다.
> ④ 교회의 재정유지에 적극 참여한다.
> ⑤ 담임자의 부재나 유고시에 담임자 또는 감리사가 장로에게 위임한 범위 내에서 담임자의 직무를 대행할 수 있다.
> ⑥ 당회, 구역회, 지방회의 회원이 되며 평신도 연회 대표와 총회 대표로 선출될 수 있다.
> ⑦ 직무수행 결과를 당회, 구역회, 지방회에 보고한다.

13 장로의 자격 요건 가운데 맞는 내용을 고르라.
① 감리회에서 권사로 5년 이상 연임하면서 신앙이 돈독하고 교인의 의무를 성실히 감당하며, 가족이 신앙생활을 하며, 전도할 능력과 열심이 있는 자로 45세 이상이 되고 65세 미만인 이
② 기획위원회의 천거를 받아 당회에서 출석회원 3분의 1 이상의 찬성으로 신천장로로 결의된 이
③ 개체교회에서 신천장로로 추천받아 신천장로 고시과정에 합격하고 지방회 자격심사위원회의 심사를 거쳐 지방회에서 재적회원 과반수의 출석과 출석회원 3분의 2 이상의 찬성으로 품행 통과를 받고 장로증서를 받은 이

> 답 ③

14 다음은 장로의 파송 중 유보에 관한 사항이다. (①~③)에 들어갈 알맞은 말을 쓰라.
• 파송받은 교회에서 교회 출석, 직무 수행, 헌금 등의 의무 부담, 장정의 준수 및 신앙생활에 현저한 문제가 있는 경우 담임자가

정기 당회에서 재석 (①   )의 의결을 거쳐 장로의 파송을 유보하도록 감리사에게 요청하고 자격심사위원회에서 부적격으로 심사를 받은 경우
- 부득이한 사정으로 파송받은 교회에서 다른 교회로 이명하려고 하는 장로가 담임자나 본인 또는 (②   ) 이상의 동의로 감리사에게 요청한 경우
- 장로가 건강상 이유 또는 직장의 인사 이동 등 개인 사정으로 인하여 장로 파송의 유보를 (③   )을 얻어 감리사에게 청원한 경우

📄 ① 3분의 2 이상 ② 지방회 인사위원 3명 ③ 담임자의 승낙

15 다음은 장로의 인사 관리에 대한 내용이다. (①~②)에 들어갈 알맞은 말을 쓰라.
- 연급 중에 있는 장로는 직무수행과 품행에 대하여 지방회 (①   )의 심사를 거쳐 지방회에서 재적회원 과반수의 출석과 재석회원 3분의 2 이상의 찬성으로 통과시킨다. 다만, 연급 중에 있는 장로는 이명할 수 없다.
- 감리회가 인정하는 다른 교파에서 이명증서를 소지하고 이명해 온 장로는 감리회의 입교인이 된 후 6개월 이상 감리회의 (②   )을 공부하고 지방회에서 시행하는 이명장로 고시과정에 합격하고 장로증서를 받은 후 장정에 준하여 파송한다.

📄 ① 자격심사위원회 ② 교리와 장정

16 빈칸에 들어갈 알맞은 말을 순서대로 쓰라.

장로가 특별한 이유 없이 (   ) 이상 지방회에 출석하지 아니하였을 경우에는 장로의 파송을 유보하되 (   ) 이상 출석하지 아니할 때에는 장로의 자격을 상실한다. 이 경우 특별한 사유가 있을 때는 그 사유를 담임자를 경유하여 서면으로 (   )에게 제출해야 한다.

답 2년, 3년, 감리사

17 선교부의 직무에 대해 아는 대로 쓰라.

답 ① 담임자를 도와서 교회의 선교 계획을 수립하여 국내외 선교 활동을 전개한다.
② 담임자의 지도하에 교인들의 가정을 심방하며, 낙심자를 권면하고, 불신자에게 전도한다.
③ 담임자의 지도하에 속회를 조직하여 운영하며 교회의 부흥을 도모한다.

18 교육부의 직무에 대한 내용으로 적합하지 않는 것은 무엇인가?
① 담임자를 도와서 기독교교육과 훈련에 관한 계획을 수립하고 이를 집행한다.
② 담임자를 도와서 교회 내외의 봉사 활동을 하며 지역사회 발전과 개발을 위해 노력한다.
③ 교회학교의 조직, 교육정책, 교육계획, 운영지침을 수립하고 이를 시행한다.
④ 담임자를 도와서 교인들의 교회생활과 사회생활에 대한 교육과 훈련을 실시한다.

답 ②

19 예배부의 직무 가운데 맞는 내용을 모두 고르라.
① 담임자의 지도에 따라 모든 예배와 성례가 은혜롭고 원만하게 진행되도록 계획을 수립하고 돕는다.
② 담임자의 지도에 따라 예배 안내 및 헌금과 강단위원을 조직하여 훈련하고 세운다.
③ 모든 속회 보고를 취합하여 보관한다.
④ 교회 예배당, 부속 건물, 교회 비품을 수리하고 보존한다.

답 ①, ②

20 문화부의 직무에 대하여 쓰라.

> **답** 문화부는 담임자를 도와 기독교문화 향상을 위하여 기획하며 교회음악, 기독교문학, 예술, 체육 활동, 교인 친교행사 등의 전반에 관한 계획을 수립하고 이를 시행한다.

21 다음은 재무부의 조직에 대한 내용이다. 빈칸에 들어갈 말을 순서대로 쓰라.

"해마다 (　) 이상의 인원을 장로, 권사, 집사 중에서 택하여 재무부를 조직한다. 재무부는 (　) 1명, (　) 1명, (　) 1~2명을 선출한다."

> **답** 3명, 부장, 서기, 회계

22 감리회 청년회는 어떻게 시작되었는가?

> **답** 1897년 엡윗청년회에서 시작된 감리회 청년회는 선교 초기부터 국가와 민족을 위해 뜨겁게 활동해 왔다. 그런 전통에 따라 감리회 청년회는 하나님의 정의, 평화, 창조질서가 보존되는 하나님 나라 일꾼 됨을 목적으로 한다.

23 교회의 임원들이 회의에 임하는 바른 자세에 대하여 쓰라.

> **답** 그리스도의 마음을 품고 다툼이나 허영이 아닌 겸손과 남을 낮게 여기는 마음을 가진다. 마음을 같이하며 같은 사랑을 가지고 뜻을 합하여 한마음을 품는다. 교회의 모든 주도권을 쥐고 계신 주님께 전적으로 순종하여 하나님의 역사가 드러나게 한다. 더불어 공동체를 위한 봉사와 헌신의 자세를 가진다. 서로를 배려하며 협력함으로 교회의 거룩한 본질을 세우기에 앞장선다.

24 기획위원회의 구성에 대한 내용이다. 빈칸에 들어갈 알맞은 말을 쓰라.

"담임자와 (　)에서 파송한 연회 회원과 장로들로 구성한다. 다만 위원 수가 7인 미만일 경우에는 임원 중 권사, 집사의 순으로 7인에 달할 때까지 (　)에서 위원을 충원한다."

답 연회, 당회

25 임원회의 직무에 대한 내용으로 맞지 않은 것은 무엇인가?
① 당회에서 위임된 사항 처리
② 분기별 교회의 행정과 재정에 대한 보고 접수
③ 구역회가 닫힌 후 발생한 중요사항 심의
④ 그 밖에 개체교회에서 긴급히 처리해야 할 중요사항 심의

답 ③

감리교신학
(이명 과정)

01 "18세기 영국감리회 운동 참여자들은 연회에서 감리회 운동의 사명에 대한 문답을 했다. 그들은 (   )를, 특별히 (   )를 개혁하기 위해서 그리고 이 땅에 (   )을 전파하기 위해서 하나님께서 자신들을 세우셨다고 믿었다."
빈칸에 알맞은 말을 순서대로 쓰라.
답 국가, 교회, 성서적 성결

02 '기독교대한감리회 신학을 위한 지침'이라는 문건을 통해 제시하고 있는 감리교신학 형성을 위한 다섯 가지의 기준과 권위는 무엇인가?
답 성경, 전통, 체험, 이성, 토착문화

03 구원과 믿음의 원천이며, 모든 믿음에 대한 해석의 진실성과 신빙성

을 측정하는 기준이 되는 것은 무엇인가?

답 성경

04 빈칸에 들어갈 단어들로 알맞은 것은 무엇인가?
"(   )이 교회와 연관이 된다면, (   )은 개인과 연관된다."
① 전통, 체험   ② 전통, 성경   ③ 성경, 체험   ④ 이성, 체험

답 ①

05 복음이 한국 문화에 뿌리 내려 열매 맺게 하는 것을 수립하기 위해 기독교대한감리회가 네 가지 감리교신학의 기준과 권위에 추가한 것은 무엇인가?

답 토착문화

06 기독교 신앙 공동체들의 모범적 유산으로, 성경 연구를 돕고 신앙에 대한 이해를 깊이 있게 하기 위해 웨슬리가 참고한 것은 무엇인가?
① 문화   ② 율법   ③ 체험   ④ 전통

답 ④

07 "칼빈은 하나님의 (   )을, 웨슬리는 하나님의 (   )을 가장 강조했다." 빈칸에 들어갈 내용으로 알맞은 것은 무엇인가?
① 완전하심, 거룩한 뜻   ② 절대 주권, 거룩한 사랑
③ 거룩한 뜻, 형상   ④ 절대 주권, 풍성한 은총

답 ②

08 하나님의 자연적 속성에 대해 쓰라.

답 영원하신 하나님은 어디에나 계시며 모든 것을 아시고 불가능이 없으시다. 이는 하나님의 영원성, 편재성, 전지, 전능을 의미한다.

09 하나님의 도덕적 속성에 대해 쓰라.

> 답 하나님의 도덕적 속성은 거룩, 진리, 선, 사랑, 정의다. 하나님은 우리를 돌보시며 순수하시며 용서하시며 거룩하시며 은혜로운 분이다.

10 "웨슬리는 삼위일체 교리를 가장 중요한 (　　), 기독교의 바로 그 (　　)의 입구, 모든 (　　) 있는 종교의 뿌리라고 부르며 중요시했다." 빈칸에 들어갈 말을 순서대로 쓰라.

> 답 진리, 심장, 생명력

11 "성부 하나님은 (　　)와 (　　)의 근원이시다. 성자 하나님은 인간 구원의 (　　)이시다. 성령 하나님은 우리의 (　　)시다. 우리는 삼위의 각 위격이 구체적 사역에 있어서 역할의 차이는 있으시나 늘 (　　) 일하신다는 것을 염두에 두어야 한다."
빈칸에 들어갈 말을 순서대로 쓰라.

> 답 창조, 구원, 본질, 인도자, 함께

12 "낙원에서 타락 이전의 인간은 하나님을 보고 알고 사랑하고 순종했다. 이것이 가능했던 것은 하나님께서 인간에게 부여하신 (　　) 때문이었다." 빈칸에 들어갈 알맞은 말은 무엇인가?

① 자유의지　② 선함　③ 하나님의 형상　④ 거룩한 영

> 답 ③

13 "아담과 하와의 타락의 결과는 인간에게 주어진 (　　)의 손상과 상실이며, 단절(분리)과 (　　)을 경험하게 되었고, (　　)으로 가득 찬 존재가 되었으며 (　　)로 세상에 오게 되었다."
빈칸에 들어갈 말을 순서대로 쓰라.

> 답 하나님 형상, 죽음, 삼중 욕망, 무신론자

14 "예수 그리스도는 (   )하신 하나님으로, 신성과 인성이라는 두 본성을 지니신 참 하나님, 참 (   )이시다."
빈칸에 들어갈 알맞은 말을 쓰라.

📋 성육신, 인간

15 웨슬리가 말한 그리스도의 삼중 직무에 해당하지 않는 것은 무엇인가?
① 제사장적 직무   ② 왕으로서의 직무
③ 주인으로서의 직무   ④ 예언자적 직무

📋 ③

16 "웨슬리의 속죄 이해는 (   )로서의 속죄를 기본으로, 하나님의 (   )의 증거로서의 속죄와 (   )으로서의 속죄를 강조한다."
빈칸에 들어갈 말을 순서대로 쓰라.

📋 용서, 사랑, 해방

17 "성령 하나님은 성부 하나님 혹은 성자 하나님의 권능이나 에너지가 아닌 (   )이시다. 성령 하나님은 성부 하나님, 성자 하나님과 (   )하신 분이다." 빈칸에 알맞은 단어들을 쓰라.

📋 인격, 동등

18 "성령 하나님의 사역은 다음과 같다. 성령님은 우리의 (   )을 새롭게 하시고, 우리의 인격과 그리스도를 연합시키신다. 우리의 영혼과 몸을 정화시키고 (   )시키시며, 하나님의 (   )에 합당하게 삶을 살 수 있도록 돕는다."
빈칸에 들어갈 말을 순서대로 쓰라.

📋 본성, 성화, 뜻

19 존 웨슬리가 말한 그리스도인의 구원 여정을 쓰라.
   답 선행 은총 ⋯▶ 회개 ⋯▶ 칭의 ⋯▶ 성화 ⋯▶ 그리스도인의 완전 ⋯▶ 영화

20 선행 은총은 무엇을 말하는가?
   답 모든 인간 속에 이미 선행(先行)하는 하나님의 은혜가 있어서 구원이 모든 사람에게 열려져 있음을 말한다.

21 회개의 기본적인 의미는 무엇인가?
   답 자신의 죄악성, 죄에 대한 책임, 죄의 문제 해결에 있어서 자신의 철저한 무능력을 깨닫는 것이다.

22 칭의란 무엇인가?
   답 하나님께서 예수 그리스도의 십자가 공로로 죄를 용서해 주시고 죄인인 우리를 의롭다고 여겨 주시는 것이다.

23 성화의 시작을 무엇이라 부르는가?
   답 신생

24 "칭의를 통해 죄사함 받은 우리는 계속해서 (   )와 (   )을 목표로 성장하게 된다." 빈칸에 들어갈 말을 순서대로 쓰라.
   답 성화, 그리스도인의 완전

25 "성화의 과정 가운데 우리는 죄의 (   )와 힘에서 구원을 받고 하나님의 (   )이 회복되며 (   )를 닮아가게 된다."
빈칸에 들어갈 말을 순서대로 쓰라.
   답 뿌리, 형상, 그리스도

26 웨슬리가 말한 구원 여정에서 믿음은 무엇을 의미하는가?

　답 믿음은 구원의 출발로서 하나님의 선물이다.

27 "칭의는 (　　)으로부터의 구원이다. 성화는 죄의 (　　)로부터의 구원이다. 영화는 (　　)의 최후 승리와 새 하늘과 새 땅의 상속자로서 하늘로 올라감을 전제로 한다."
빈칸에 들어갈 단어를 순서대로 쓰라.

　답 죄책, 본질, 의

28 교회의 주요한 기능 두 가지는 무엇인가?

　답 하나님의 말씀 선포, 성례전의 집례

29 감리교회와 감리교인의 사명은 무엇인가?

　답 세상의 변혁을 위해 예수 그리스도의 제자 됨과 제자 양성

30 "사명을 감당하기 위해서 교회는 (　　)을 떠난 공동체가 아닌 (　　) 안에 있는 공동체여야 한다."
빈칸에 공통으로 들어갈 단어는 무엇인가?

　답 세상

2장

진급과정 1년급

01 구약 I 역사서·예언서

02 신약 I 복음서·요한서신

03 기독교교육

1 구약

1) 역사서

01 히브리어 성경 기준으로 '성문서'에 속하지만, '칠십인역'의 기준에 따르면 구약 역사서에 속하는 두 권의 성경은 무엇인가?

　📖 룻기, 에스더

02 "구약 역사서 전체를 신학적으로 연결하는 하나의 매개체를 꼽으라면 하나님이 이스라엘에게 약속하신 (　)일 것이다. 그러나 이스라엘 백성은 하나님이 아닌 이방 신들을 숭배하고 하나님께 불순종함으로 왕국의 멸망과 (　)의 상실을 경험한다."
위의 빈칸에 공통으로 들어갈 단어는 무엇인가?

　📖 땅

03 여호수아는 요단강을 건너면서 요단강 가운데서 12개의 돌을 메고 나와 그 돌을 세우고 기념하였다. 12개의 돌이 세워진 도시로, '애굽에서 받은 수치를 오늘 내가 없애 버렸다'라는 뜻을 지닌 이 도시의 이름은 무엇인가? (수 5:9)

① 세겜 ② 길갈 ③ 벧엘 ④ 실로

답 ②

04 여호수아가 세겜에 모인 이스라엘 백성에게 유언으로 당부했던 말씀을 쓰라. (수 24:14)

답 여호와를 경외하며 온전함과 진실함으로 그를 섬기라.

05 사사기는 이스라엘에 왕국이 등장하기까지 약 200년 동안 반복된 이스라엘의 역사를 신학적 관점에서 평가하고 있다. 이를 도식으로 표현할 수 있는데, 아래의 빈칸에 들어갈 알맞은 말을 쓰라.

이스라엘의 (　　　) ⋯ 하나님의 (　　　) ⋯ 이스라엘의 (　　　) ⋯ 하나님의 (　　　) ⋯ 이스라엘의 재차 (　　　)

답 범죄와 타락, 심판, 부르짖음과 회개, 구원, 범죄와 타락

06 미디안 족속과의 싸움에서 승리한 므낫세 지파 출신 기드온의 별명은 무엇인가? (삿 6:32, 7:1)

① 여룹바알 ② 아비멜렉 ③ 이스보셋 ④ 므립바알

답 ①

07 사사기에서 왕정에 대한 서로 다른 신학적 평가, 즉 부정적인 평가와 긍정적인 평가를 확인할 수 있다. 그 중에서 풍성하고 유용한 과실을 맺는 감람나무, 무화과나무, 포도나무는 왕이 되어 달라는 다른 나무들의 요구를 거절하지만, 아무 쓸모없는 가시나무는 이를 수

용한다(삿 9:8~15). 이와 같이 쓸모없는 가시나무가 나무들의 왕으로 선택받는다는 내용을 통해 왕정에 대한 강한 거부감을 드러낸 문학 작품은 무엇인가?

> 답 요담의 우화

08 룻기의 신학적 주제를 주요 인물과 이어지는 계보와 관련지어 서술하라.

> 답 룻과 보아스를 통하여 하나님께서 신뢰하시는 인물인 '다윗'의 계보로 이어지고, 다윗을 통하여 오실 '메시아'를 준비한다.

09 룻기에서는 한 지파를 유지하기 위해서 오래전부터 시행되었던 두 가지 제도를 언급한다. 이 두 제도가 무엇인지 쓰라. (룻 1:12~13, 3:12~13)

> 답 형사취수제(兄死娶嫂制)와 기업을 무르는 제도

10 이스라엘 왕국 초창기에 가장 위협적이었던 존재는 5개의 도시 연합체인 블레셋이었다. 블레셋의 연합체에 속하지 않은 도시는 어디인가? (삼상 6:17)

① 벤세메스   ② 아스돗   ③ 가사   ④ 아스글론

> 답 ①

11 이스라엘의 사울과 다윗은 각각 어느 지파 출신인가? (삼상 9:1, 16:1)

① 유다 - 베냐민   ② 유다 - 에브라임
③ 베냐민 - 유다   ④ 베냐민 - 잇사갈

> 답 ③

12 다윗은 하나님 앞에서 두 번 큰 죄를 범한다(삼하 11, 24장). 두 번의 범죄 내용이 무엇인지 쓰라.

> 답 우리아를 죽이고 그의 아내 밧세바를 취한 것, 하나님을 의지하지 않고 전쟁에 필요한 군인들을 선발하기 위해 인구 조사를 한 것

13 솔로몬이 하나님 앞에서 돌아선 후 느밧의 아들 여로보암은 솔로몬에게 반기를 들었다. 이때 여로보암은 실로 출신 예언자를 만나 북쪽 지파의 왕이 될 것이라는 예언을 받는다. 이 예언자는 누구인가? (왕상 11:29)

① 아마샤   ② 아히야   ③ 스마야   ④ 미가야

> 답 ②

14 북왕국 이스라엘 멸망의 결정적인 요인(왕하 17:21)이라는 신학적 평가를 받은 여로보암의 행위는 무엇이었는가? (왕상 12:29)

> 답 베델과 단에 다른 제단을 건축하고 금송아지를 만들어 세운 일

15 북왕국과 달리 남왕국에서는 창기와 이방 신전과 우상을 제거하고, 나아가 이방 제의 자체를 제거하는 등 종교 개혁을 추진한 여러 왕이 있었다. 이에 속하지 않는 왕은 누구인가?

① 아사   ② 여호사밧   ③ 요아스   ④ 아사랴

> 답 ④

16 이스라엘 역사상 유일한 여왕이자 북왕국 출신으로 6년 동안 남왕국 유다를 통치한 여왕과 그녀를 폐위시키고 제사장 여호야다에 의해서 일곱 살 때 즉위한 왕은 누구인지 각각 쓰라. (왕하 11장)

> 답 아달랴, 요아스

17 다윗과 함께 하나님 앞에서 가장 온전한 왕으로(왕하 23:25), 제사장 힐기야가 발견한 율법책 내용을 토대로 각종 이방 제의를 없애고, 이스라엘 역사상 가장 성대하게 유월절을 지킨 왕은 누구인가?

답 요시야

18 "역대상·하는 (   )에서부터 시작해 (   )까지의 광대한 역사를 다루고 있다." 빈칸에 알맞은 말을 쓰라.

답 아담, 포로기

19 역대상·하는 재건된 예루살렘 성전의 권위와 이를 중심으로 새롭게 시작하는 종교 공동체의 삶의 방향을 제시하려는 분명한 의도 하에 기록되었다. 이를 위해 강조된 종교적 삶이 아닌 것은 무엇인가?
① 주요 절기 준수　　　　② 금욕, 금식과 같은 절제된 삶
③ 율법 규정에 따른 성전 제의 준수　　④ 성전 중심의 예배

답 ②

20 "사무엘은 사무엘상(1:1)에서는 (   ) 지파 출신으로 언급되지만, 역대상(6:33~38)에서는 (   ) 지파 출신으로 소개되고 있다." 빈칸에 알맞은 말을 쓰라.

답 에브라임, 레위

21 다윗은 석 달 동안 오벳에돔의 집에 머물렀던 언약궤를 예루살렘으로 옮길 것을 명령한다. 이때 언약궤를 메고 옮길 수 있는 유일한 사람들은 누구인가? (대상 15:2)
① 레위 사람　② 제사장　③ 성전 성가대　④ 성전 문지기

답 ①

22 아브라함이 이삭을 제물로 봉헌하려고 했던 장소로(창 22:2), 솔로몬이 하나님을 위해 성전을 봉헌한 장소는 어디인가? (대하 3:1)

　답　모리아 산

23 열왕기하에서는 유다 멸망의 원인으로 지목된 왕이지만, 역대하에서는 회개의 모범으로 인정받은 왕은 누구인가? (왕하 21:16, 대하 33:13)

① 아사　② 여호사밧　③ 히스기야　④ 므낫세

　답　④

24 남왕국 유다를 멸망시킨 바벨론을 심판하기 위해 하나님께서 선택한 바사의 왕으로, 이사야에서는 하나님께서 기름 부어 세운 왕으로 소개되고 있다(사 45:1). 이 왕은 칙령을 발표하여 유다 백성의 예루살렘 귀환과 성전 재건을 허락하였다. 이 왕은 누구인가? (스 1:2~4)

① 아닥사스다　② 아하수에로　③ 다리오　④ 고레스

　답　④

25 포로 귀환 후 예루살렘 성전을 재건하는 데 중요한 역할을 수행한 두 사람은 누구인가? (스 3:2,8)

　답　스룹바벨, 예수아

26 에스라는 재건된 예루살렘 성전에서 하나님께 예물을 봉헌하였고, 이를 통해 유다 사람들의 민족적·종교적 정체성을 확립하고자 했다. 그러나 얼마 후 에스라는 옷을 찢고 머리카락과 수염을 뜯으며 하나님께 회개 기도를 드렸다. 그 이유는 무엇인가? (스 9장)

　답　제사장과 레위인을 포함한 유다 백성이 이방인과 통혼하여 자신들의 정체성을 훼손하였기 때문이다.

27 느헤미야의 어떤 신앙적 태도가 그를 모범적인 인물로 평가받게 하였는가? (느 1:4,6,11 등)

📖 하나님께 기도하는 모습

28 느헤미야는 다른 역사서보다 두 가지 신앙적인 모습을 강조했는데, 그 두 가지는 무엇인가? (느 8장)

📖 율법 준수와 말씀 중심의 예배

29 느헤미야의 주요 주제에는 종교 개혁과 함께 사회 개혁도 포함돼 있다. 이에 느헤미야는 재정적으로 어려운 이들을 위해 십일조 규정을 마련하는데, 여기에서 어려움 당한 이들은 누구를 말하는가? (느 13:10~13)

📖 레위 사람들

30 '부림절'이라는 이름은 히브리어 '부르'에서 유래했다(에 3:7). 부림절 기간을 결정할 때 사용된 방법으로 '부르'를 뜻하는 것은 무엇인가?

📖 제비뽑기

2) 예언서

01 구약성경의 올바른 순서는 무엇인가?
① 율법서 – 예언서 – 성문서
② 예언서 – 율법서 – 성문서
③ 오경 – 역사서 – 지혜서(시가서) – 예언서
④ 역사서 – 오경 – 지혜서(시가서) – 예언서
답 ③

02 대예언자에 속하지 않는 인물은 누구인가?
① 이사야　② 예레미야　③ 에스겔　④ 다니엘
답 ④

03 예언자의 본질을 가장 잘 설명한 것은 무엇인가?
① 세상의 이치를 깨달은 자
② 하나님의 부르심을 받은 자
③ 특별하고 신비로운 지식을 습득한 자
④ 숨겨진 비밀을 알려주는 자
답 ②

04 성전 예언자가 비판을 받은 이유에 속하지 않는 내용은 무엇인가?
① 돈을 벌기 위해 예언 활동을 했다는 이유
② 왕국의 희망적인 미래를 예언했다는 이유
③ 포도주와 독주에 취하고 거짓 예언을 선포했다는 이유
④ 바알의 이름으로 예언했다는 이유
답 ②

05 다음 중 단체 예언자의 수령으로 활동한 인물은 누구인가?

① 다니엘　② 이사야　③ 엘리사　④ 아모스

답 ③

06 왕궁 예언자에 속하지 않는 인물은 누구인가?

① 호세아　② 미가야　③ 갓　④ 나단

답 ①

07 문서 예언자에 대한 설명 중 올바르지 않은 것은 무엇인가?

① 엘리사는 문서 예언자를 대표하는 인물이다.
② 그들이 선포한 말씀을 기록한 예언서가 존재하고 있다.
③ 아모스, 호세아, 이사야, 예레미야가 문서 예언자에 속한다.
④ 하나님은 악행과 불의를 동반한 제사를 싫어하시고, 선행과 정의를 동반한 순종을 요구하시는 분임을 선포하였다.

답 ①

08 다음은 거짓 예언자에 대한 설명이다. 빈칸에 들어갈 적합한 단어는 무엇인가?

"내 백성을 유혹하는 선지자들은 이에 물 것이 있으면 평강을 외치나 그 입에 무엇을 채워주지 아니하는 자에게는 (　　)을 준비하는도다(미 3:5)."

답 전쟁

09 "거짓 예언자들은 예언 활동을 통해 (　　　)을 취하려고 했다. 그들의 예언은 사람들에게서 얻어낼 수 있는 (　　　)에 의해 결정되었다." 빈칸에 공통으로 들어갈 말은 무엇인가?

답 경제적인 이득

10 거짓 예언자들의 모습과 관련이 없는 것은 무엇인가?

① 간음   ② 거짓   ③ 악행   ④ 거룩과 정결

답 ④

11 "참 예언자는 (   )을 받고 말씀을 받아 선포하는 자인 반면, 거짓 예언자는 스스로 예언자가 되어 (   )을 전하는 자다." 빈칸에 들어갈 말을 순서대로 쓰라.

답 하나님의 부르심, 자신의 말

12 "만일 선지자가 있어 여호와의 이름으로 말한 일에 증험도 없고 (   )도 없으면 이는 여호와께서 말씀하신 것이 아니요 그 선지자가 제 마음대로 한 말이니 너는 그를 두려워하지 말지니라(신 18:22)." 빈칸에 들어갈 말을 쓰라.

답 성취함

13 기원전 8세기에 예루살렘에서 활동한 예언자는 누구인가?

① 이사야   ② 예레미야   ③ 에스겔   ④ 하박국

답 ①

14 북왕국 출신의 유일한 문서 예언자는 누구인가?

① 나훔   ② 오바댜   ③ 학개   ④ 호세아

답 ④

15 미가는 다음 중 어디에서 활동하였는가?

① 벧엘   ② 모레셋   ③ 사마리아   ④ 브엘세바

답 ②

16 아모스의 고향은 어디인가?

① 모레셋　② 안디옥　③ 드고아　④ 예루살렘

📖 ③

17 기원전 8세기 예언자들이 선포한 내용의 핵심은 무엇인가?

① 사회적 정의와 공의를 실천하라.
② 하나님은 이스라엘을 결코 멸망시키지 않으신다.
③ 하나님 앞에서 겸손하라.
④ 하나님은 사랑이시기에 우리를 용서하신다.

📖 ①

18 요나는 어느 국가에 가서 하나님의 말씀을 전파하였는가?

① 애굽　② 암몬　③ 앗수르　④ 바벨론

📖 ③

19 요나가 외친 예언의 내용은 무엇이었는가?

① 사랑과 용서의 삶을 살아라.
② 회개하라 천국이 가까웠느니라.
③ 공의와 정의를 실천하라.
④ 40일이 지나면 니느웨가 무너질 것이다.

📖 ④

20 빈칸에 들어갈 알맞은 말을 쓰라.

"요나서는 유대인들의 민족주의적이고 배타적인 구원관을 수정한 책으로, (　　　)를 위한 획기적인 복음서라고 평가할 수 있다."

📖 이방인 선교

21 기원전 7세기 예언자에 속하지 않는 인물은 누구인가?
① 예레미야   ② 말라기   ③ 나훔   ④ 스바냐
답 ②

22 '눈물의 예언자'라는 별명을 가지고 있으며, 남유다가 참혹하게 멸망한 모습을 목격하고 후에 애굽으로 끌려간 예언자는 누구인가?
① 스바냐   ② 나훔   ③ 하박국   ④ 예레미야
답 ④

23 앗수르의 압제로 인해 발생한 삶의 고통과 신앙의 회의에 대해 논하며, '탄식의 시'로 정의할 수 있는 예언을 선포한 인물은 누구인가?
① 하박국   ② 오바댜   ③ 스가랴   ④ 에스겔
답 ①

24 앗수르를 향한 하나님의 심판에 대해 선포한 예언자는 누구인가?
① 아모스   ② 에스겔   ③ 나훔   ④ 학개
답 ③

25 '환상의 예언자'라는 별명을 가지고 있으며, 기원전 597년 예루살렘 침공 시에 바벨론으로 끌려가서 그곳에서 예언자로 소명받은 인물은 누구인가?
① 학개   ② 호세아   ③ 이사야   ④ 에스겔
답 ④

26 자신의 예언서를 남기지 않은 예언자는 누구인가?
① 요엘   ② 이사야   ③ 엘리야   ④ 아모스
답 ③

27 이스라엘에 임한 메뚜기 재앙과 땅의 황폐화는 백성의 죄악에 대한 하나님의 심판이라고 외친 예언자는 누구인가?

① 다니엘 ② 요엘 ③ 아모스 ④ 요나

📖 ②

28 유대인 남자들과 이방 여인들 사이의 혼혈 결혼 문제와 그로 인한 유대인들 사이의 이혼 문제에 대해 지적한 예언자는 누구인가?

① 스가랴 ② 엘리사 ③ 엘리야 ④ 말라기

📖 ④

29 바벨론 포로에서 돌아온 후 지체되고 있는 성전 건축을 독려한 예언자로, 하나님의 영광이 임하는 예루살렘이 되기 위해서는 가장 먼저 성전을 건축해야 한다고 선포한 예언자는 누구인가?

① 학개 ② 예레미야 ③ 나훔 ④ 하박국

📖 ①

30 메시아 탄생을 선포한 예언자는 누구인가?

① 미가 ② 호세아 ③ 스가랴 ④ 요나

📖 ①

2

신약

1) 복음서

01 신약성경에는 네 개의 복음서가 있다. 그 중에서 공관복음으로 묶는 세 개의 복음서는 어떤 것인가? 또 이 복음서들을 공관복음이라고 부르는 이유는 무엇인가?

> **답** 마태복음, 마가복음, 누가복음. 예수님의 공생애 활동을 지리적, 시간적 측면에서 공통적인 시각으로 바라보고 기록했기 때문이다.

02 공관복음에서 동일하게 기록하고 있는 예수님이 활동하신 지리적 위치를 순서대로 기록하라.

> **답** 예수님은 갈릴리와 그 주변 지역에서 공생애를 시작하셨고, 이어 예루살렘으로 여행하는 중에 많은 활동을 하신 뒤, 예루살렘에 가셔서 활동하다가 체포되어 처형되셨다.

03 신약성경에 있는 네 개의 복음서 중에 제일 먼저 기록된 것으로 알려진 복음서와 그렇게 보는 이유에 대해 쓰라.

> 답 마가복음. 마가복음의 내용 대부분이 마태복음과 누가복음에 들어 있는 반면, 마태복음과 누가복음에 있는 내용들이 마가복음에는 없는 경우가 많다. 그래서 공관복음 중에 마가복음이 가장 짧다. 제일 먼저 기록된 마가복음을 마태복음과 누가복음의 저자가 다른 자료를 활용하여 확대했다고 보는 것이 적절하다.

04 복음서들 중에서 예수님의 탄생 이야기가 없는 두 복음서를 쓰라.

> 답 마가복음과 요한복음

05 예수님의 탄생 이야기를 하면서 "…… 이루려 하심이니라."는 말을 반복하며 구약성경의 말씀을 인용하는 복음서는 무엇인가? 그렇게 함으로써 무엇을 말하려고 하는가?

> 답 마태복음. 예수님의 탄생이 구약성경에서 예언한 내용의 성취임을 강조하기 위해서

06 마태복음에서 밝히는 '예수'의 이름 뜻은 무엇인가?

> 답 자기 백성을 그들의 죄에서 구원하신다(1:21).

07 누가복음 1장에는 예수님의 탄생을 노래하는 두 사람이 나온다. 두 사람은 누구인가?

> 답 예수님의 어머니 마리아, 세례 요한의 아버지 사가랴

08 누가복음 2장에는 예수님의 탄생을 기다리던 예루살렘의 두 성인이 등장한다. 이들은 어떤 사람들인가?

> 답 시므온 – 의롭고 경건하여 이스라엘의 위로를 기다리던 사람(2:25)

안나 – 성전을 떠나지 않고 밤낮으로 금식하고 기도하며 하나님을 섬긴 여인(2:36~37)

09 예수님보다 앞서 나타나서 그가 오실 것을 선포하며 유대인들에게 회개할 것을 광야에서 외친 사람은 누구인가? 이 사람의 설교는 복음서 어디에 나오는가?

> 답 세례 요한. 그가 외친 회개 설교는 마태복음 3장 7~12절과 누가복음 3장 7~14절에 나온다.

10 복음서의 기록 목적을 가장 명확하게 밝히고 있는 구절은 어디인가? 그 구절을 암송하여 쓰라.

> 답 요한복음 20장 31절. "오직 이것을 기록함은 너희로 예수께서 하나님의 아들 그리스도이심을 믿게 하려 함이요 또 너희로 믿고 그 이름을 힘입어 생명을 얻게 하려 함이니라."

11 예수님께서 제자들에게 삶에 관하여 가르치신 산상설교는 복음서 어디에 나오는가?

> 답 마태복음 5~7장

12 공관복음에는 주님께서 가르쳐 주신 기도문이 두 곳에 나온다. 어디이며, 그 두 기도의 차이는 무엇인가?

> 답 마태복음 6장 9~13절과 누가복음 11장 2~4절. 마태복음의 기도에는 누가복음에 없는 "뜻이 하늘에서 이루어진 것 같이 땅에서도 이루어지이다 …… 다만 악에서 구하시옵소서 (나라와 권세와 영광이 아버지께 영원히 있사옵나이다 아멘)." 하는 기원과 송영이 더 있어서 길다.

13 마태복음은 예수님의 설교를 다섯 개로 묶어서 전해준다. 다섯 개의 설교가 나오는 단락과 주제를 말하라.

    답 5~7장 산상설교, 10장 제자 파송 설교, 13장 천국 비유 설교, 18장 교회생활에 관한 설교, 23~25장 종말 심판에 관한 설교

14 마가복음에서 예수님을 하나님의 아들이라고 고백한 최초의 사람은 누구이며 어디에 나오는가? 그는 예수님의 어떤 모습을 보고 그런 고백을 했는가?
    답 마가복음 15장 39절의 이방인 백부장(로마 군인). 십자가에 달려 고통 당하며 죽어가는 예수님을 보고 하나님의 아들임을 고백한다.

15 요한복음에서 예수님은 자신의 정체를 밝히시며 "나는 ……이다"라는 말을 일곱 번 하신다. 여기에 해당하는 "나는 ……이다" 구절을 쓰라.
    답 나는 생명의 떡이다(6:35), 나는 세상의 빛이다(8:12), 나는 양의 문이라(10:7), 나는 선한 목자라(10:11), 나는 부활이요 생명이다(11:25), 나는 길이요 진리요 생명이다(14:6), 나는 참 포도나무요(15:1)

16 요한복음에서 예수님이 맨 처음 행하신 이적은 어디에서 행한 어떤 이적이었는가?
    답 2장 1~11절, 갈릴리 가나에서 물로 포도주를 만드신 이적

17 가이사랴 빌립보에서 베드로가 한 신앙 고백이 마가복음, 마태복음, 누가복음에서 약간씩 다르게 나타난다. 각 복음서의 해당 구절과 말씀을 쓰라.
    답 마가복음 8장 29절 "주는 그리스도시니이다."
    마태복음 16장 16절 "주는 그리스도시요 살아 계신 하나님의 아들이시니이다."
    누가복음 9장 20절 "하나님의 그리스도시니이다."

18 변화산 사건(마 17:1~8, 막 9:2~8)에서 예수님과 대화를 한 구약성경의 인물들은 누구이며, 이 사건의 의미는 무엇인가?

> 답 모세와 엘리야. 모세는 구약성경의 율법을 대표하고, 엘리야는 예언자들을 대표한다. 예수님은 구약성경의 율법과 예언의 성취이며, 나아가 구약성경의 율법과 예언서들은 오로지 예수님에 의해서만 그 의미가 밝혀진다.

19 도마가 예수님이 하나님의 아들이라는 진리를 고백할 때, 예수님은 나를 보지 못하고 믿는 자들은 복되다고 말씀하셨다(요 20:28~29). 그렇다면 예수님이 부활 승천하신 후 사람들은 그 진리를 어떻게 알 수 있는지 설명하라.

> 답 예수님을 눈으로 볼 수 없는 시대에는 보혜사 성령을 통해 예수님이 하나님의 아들이라는 진리를 깨닫게 하시고 고백하게 하신다.

20 누가복음과 사도행전은 구원의 역사를 세 단계로 구분해 설명한다. 그 세 단계의 구원 역사를 설명하라.

> 답 ① 하나님의 창조에서부터 세례 요한에 이르는 이스라엘의 역사(눅 16:16)
> ② 예수 그리스도의 시대(행 1:8)
> ③ 예수님의 승천에서부터 재림 때까지 계속되는 교회와 선교의 시대 (행 1:11)

21 우리는 예수님의 공생애 기간을 3년으로 본다. 어디에 근거해서 그렇게 말하는가?

> 답 요한복음에 근거한다. 요한복음은 예수님이 유월절 명절을 지키기 위해 세 번 예루살렘으로 여행했다고 한다. 유월절은 일 년에 한 차례 있기 때문에 3년이라고 볼 수 있다. 참고로 공관복음에서는 예수님이 한 번 유월절을 지키러 예루살렘에 갔다가 체포되어 죽는다.

22 예수님의 재판에서 빌라도가 세 번이나 무죄를 주장했지만 유대인들은 끝까지 처형을 주장했다. 이 사실을 특히 강조하여 전한 복음서는 무엇인가? 그 복음서의 저자는 왜 그렇게 했는가?

> 답 누가복음. 누가복음 저자는 예수님을 죽인 것은 로마제국이 아니라 유대인들이라고 강조함으로써 로마제국에 기독교의 무해성을 변증하려고 했다. 동일 저자가 쓴 사도행전에서도 로마 총독과 군인들은 바울을 보호하고 유대인들은 그를 죽이려고 했는데, 이것 역시 그런 의도를 드러낸다.

23 예수님은 하나님 나라를 선포하기 위하여 세상에 오셨다. 복음서들 중에서 예수님의 하나님 나라 선포를 처음으로 말한 구절을 쓰라.

> 답 마가복음 1장 15절. "때가 찼고 하나님의 나라가 가까이 왔으니 회개하고 복음을 믿으라."

24 마가복음은 십자가에서만 예수님이 하나님의 아들 되심을 알고 고백할 수 있으며, 동시에 예수님의 진정한 제자 역시 십자가를 져야 한다고 말한다. 예수님이 제자들에게 이것을 요청하고 있는 핵심 구절을 쓰라.

> 답 "누구든지 나를 따라오려거든 자기를 부인하고 자기 십자가를 지고 나를 따를 것이니라(8:34)."

25 누가복음의 저자는 신약성경 저자들 중에서 가장 수준 높은 헬라어 구사 능력과 역사에 관한 깊은 지식을 소유한 사람이었다. 누가복음 1장 2절은 이러한 저자가 초대 교회의 어느 시대에 속해 있다고 소개하는가?

> 답 1세기 말의 제3세대 기독교인임을 밝히고 있다. 누가복음 1장 2절은 초대 교회 역사를 세 단계로 말하는데, 처음부터 목격자이며 말씀의 일꾼 된 자들(제1세대) ⋯▶ 제1세대의 증인들로부터 듣고 저술하려고 붓

을 든 많은 사람들(제2세대) … 저자 자신(제3세대)으로 구분한다.

26 초대 교회는 신약정경에 들어 있는 네 개의 복음서만 기록한 것이 아니다. 이 외에도 잘 알려진 도마복음, 유다복음, 베드로복음 등 더 많은 복음서들을 기록했다. 그런데 이들 중에서 네 개의 복음서만 정경 복음서로 선택한 중요 기준은 무엇인지 설명하라.

> **답** 정경 복음서를 선택한 가장 중요 기준은 사도성이었다. 사도가 기록했는가 하는 형식적인 차원뿐 아니라, 그 내용이 사도들의 선포에 부합한지의 내용적인 차원도 고려되었다. 이런 기준 등을 적용하여 최종적으로 AD 367년에 교부 아타나시우스에 의해서 네 개의 복음서를 포함한 27권의 문헌이 신약정경으로 확정되었다.

27 구두로 전해지던 복음이 복음서라는 문서 형태로 기록되게 된 이유는 무엇인가?

> **답** 처음에 사도들은 구원에 관한 기쁜 소식을 구두로 선포하였다. 그러나 시간이 흐르면서 입으로 전하는 복음이 변질되기도 하고 이단들이 악용할 소지도 있었다. 그래서 문서로 기록하여 고정된 형식과 내용을 갖추어 쉽게 변질시키지 못하게 하였다.

28 '부'와 '가난'의 문제를 집중적으로 말하는 복음서는 어떤 복음서인가? 이유와 해당 단락 몇 곳을 제시하라.

> **답** 누가복음이다. 그 이유는 교회 안에서 부유한 사람과 가난한 사람 사이에 갈등이 일어나면서 돈과 소유에 대한 바른 자세가 중요하게 되었기 때문이다. 12장 13~34절, 16장 1~31절에서 예수님은 부의 문제에 대해 가르치면서 삶의 의미는 소유에 있지 않고, 돈 욕심을 부리는 것은 하나님의 뜻에 합당하지 않음을 강조하신다. 또 14장 33절에서 의도적으로 "너희 가운데 누구라도 자기 소유를 다 버리지 않으면 내 제자가 될 수 없다."고 말씀하신다.

29 요한복음에서 예수님은 유대인들과 격렬하게 충돌하셨다. 왜 그런 충돌이 일어난 것인지 설명하라.

> 답 대다수 유대인들이 나사렛 예수를 하나님의 아들로 믿지 않았기 때문이다. 예수님은 그러한 유대인들은 하나님과 아브라함의 자녀가 아니며, 나아가 마귀의 자식이라고까지 말씀하셨다. 이 싸움에서 중요한 문제는 유대인과 예수님(기독교인) 중 누가 이스라엘의 성경(구약성경)을 잘 이해하고 있는가 하는 것이었다. 물론 예수님이다. 율법과 모세도 예수님이 메시아이심을 증언하고, 아브라함도 예수님의 때를 보고 기뻐했기 때문이다(8:56 이하).

30 마태복음 28장 18~20절은 마태복음을 이해하는 데 있어 열쇠와 같은 말씀이다. 여기에서는 예수님을 어떤 분으로 소개하고 있는가?

> 답 부활하신 예수님을 하나님에게서 하늘과 땅의 권세를 받은 우주의 주권자로 소개한다. 우주의 주권자로서 예수님은 믿는 사람들과 영원히 함께 계시며, 그들에게 만민을 향한 선교를 명령하신다.

2) 요한서신

01 신약성경에는 요한이 기록한 것으로 보이는 문헌 다섯 개가 있다. 어떤 것들인가?
   답 요한복음, 요한1서, 요한2서, 요한3서, 요한계시록

02 요한서신 세 개를 기록된 순서대로 배열하라.
   답 요한3서, 요한2서, 요한1서

03 다음 용어들 중에서 요한서신들에는 나오지 않는 단어는 무엇인가?
   ① 복음   ② 진리   ③ 사랑   ④ 세상   ⑤ 아버지
   답 ①

04 요한2서와 요한3서의 저자에 대해 설명하라.
   답 요한2서와 요한3서는 저자의 이름은 말하지 않고 그냥 '장로'라고만 한다. '장로'는 요한 공동체 안에서 매우 높은 권위를 가진 인물이었지만, 요한2서와 요한3서에 의하면 그의 권위를 인정하지 않는 사람들도 공동체 안에 상당수 있었다.

05 요한2서와 요한3서에서 '장로'에 맞서 싸우면서 거짓된 교훈을 퍼뜨린 사람은 누구인가?
   답 으뜸 되기를 좋아하는 '디오드레베'

06 요한2서는 '택하심을 받은 부녀와 그의 자녀들'에게 보낸 서신이다. 이들은 상징적으로 무엇을 말하는가?
   답 '택하심을 받은 부녀'는 교회(요한 공동체)를, '그의 자녀들'은 교회의 성도들을 의미한다.

07 요한3서는 누구에게 보낸 서신인가?

> 답 장로가 사랑하는 '가이오'에게

08 요한3서에서 서신의 수신자 외에 저자가 참된 증인이라고 칭찬한 사람은 누구인가?

> 답 데메드리오

09 요한서신들은 신약성경의 다른 문헌들과 확연하게 다른 언어와 표현을 사용한다. 이러한 현상을 어떻게 설명할 수 있는가?

> 답 이는 요한의 이름으로 기록된 문헌들이 공동의 신학적 분위기(하나의 신앙 공동체)에서 생겨났다는 것을 말해 준다. 오늘날 가톨릭과 개신교회에서 사용하는 언어를 보면 금방 구분할 수 있는 것과 같다.

10 요한1서는 저자를 누구라고 소개하는가?

> 답 요한1서는 저자를 '아버지와 함께 계시다가 우리에게 나타내신 바 된 이'를 목격한 증인이라고 한다(1:1~4).

11 요한1서는 성도들이 거짓 사상에 넘어가지 않으려면 어떻게 해야 한다고 가르치는가?

> 답 "처음부터 들은 것을 너희 안에 거하게 하라."고 한다(2:24). '처음부터 들은 것'은 사도 요한에서 시작되어 교회 안에서 선포되고 고백된 복음으로, 그 핵심은 예수 그리스도가 하나님의 아들이라는 것이다.

12 요한서신들은 누가 미혹의 영을 따르는 자이고, 누가 하나님께 속한 자라고 하는가?

> 답 저자 '장로'의 믿음과 가르침을 따르지 않고 예수의 성육신을 부정하는 자는 진리를 거슬러 거짓말하는 사람으로 미혹의 영을 따르는 자다

(요일 2:22, 4:6). 진정한 믿음의 사람은 예수의 성육신을 믿으며(요일 4:2), 예수 그리스도 안에서 하나님을 보고, 그리스도를 사랑하고 또 성도들과 사랑의 교제를 나누는 사람이다(요일 4:12~16).

13 저자와 요한 공동체는 성육신의 진리를 어떻게 확신하는가?

> 답 저자와 요한 공동체가 진리에 대한 확신을 갖는 것은 성령으로 기름 부음을 받았기 때문이다(요일 2:20,27). 성령이 요한 공동체 안에서 하나님의 아들이 인간이 되셔서 세상에 오셨다는 진리를 증언하고 가르친다(요일 5:6).

14 요한서신은 누가 영생을 얻는다고 가르치는가?

> 답 성육신하신 하나님의 아들을 믿는 자에게는 영생이 있고, 그렇지 않은 자에게는 생명이 없다(요일 5:11~12).

15 요한1서 저자는 영원한 생명의 말씀을 어떻게 경험했다고 하는가?

> 답 저자는 생명의 말씀을 "들은 바요 눈으로 본 바요 자세히 보고 우리의 손으로 만진 바(1:1)"라고 한다. 이렇게 표현함으로써 생명의 말씀이 그만큼 확실함을 강조한다. 자신의 눈으로 보고, 귀로 듣고, 손으로 만진 것을 증언하기 때문에 그의 증언은 참되다는 것이다.

16 요한1서 1장 5절은 하나님을 어떤 분으로 소개하는가?

> 답 "하나님은 빛이다. 그에게는 어둠이 조금도 없다."

17 성도들이 어떻게 살아야 예수의 피가 죄를 깨끗하게 해 주시는가?

> 답 그리스도인은 빛이신 하나님과 일치하게 살아야 한다. 그리스도인들이 빛 가운데서 살면, 예수님의 피가 그들을 모든 죄에서 깨끗하게 해 주실 것이다(요일 1:6~7).

18 사람이 죄가 없다고 하면 하나님을 어떤 분으로 만드는 결과를 가져오는가?

> 답 사람이 죄가 없다고 말하는 것은 하나님을 거짓말하는 이로 만드는 것이다(요일 1:10).

19 예수 그리스도는 누구의 죄를 위한 화목제물이 되셨는가?

> 답 그리스도는 "우리 죄를 위한 화목제물이니 우리만 위할 뿐 아니요 온 세상의 죄를 위하심(요일 2:2)"이다.

20 '하나님을 안다'는 말의 의미는 무엇인가?

> 답 하나님을 안다는 말은 하나님의 계명을 지키는 것이다(요일 2:3~4).

21 세상을 사랑하는 사람 안에는 무엇이 없어서 세상을 사랑하는가?

> 답 하나님의 사랑이 그 안에 없는 사람은 세상을 사랑한다. 육신의 정욕과 안목의 정욕과 이생의 자랑은 다 아버지께로부터 온 것이 아니고, 세상으로부터 온 것이기 때문이다(요일 2:15~16).

22 요한1서는 진리에 속한 줄 알게 해 주는 형제 사랑을 어떻게 하라고 가르치는가?

> 답 형제의 궁핍함을 보고도 도와주지 않으면 하나님의 사랑이 없는 사람이라고 하면서, 형제 사랑은 말과 혀로만 하는 것이 아니라 행함과 진실함으로 해야 한다고 가르친다(3:17~19).

23 요한1서는 하나님의 사랑이 우리에게 어떤 식으로 나타났다고 가르치는가?

> 답 하나님이 자기의 독생자를 세상에 보내신 것에서 우리는 하나님의 사랑을 알 수 있다(4:9).

24 요한1서에서 '성령, 물, 피' 세 가지가 합하여 무엇을 증언하고 있는가? 증인이 셋 이상 있어야 증언의 능력이 인정된다는 원리는 어디에서 온 것인가?

> 답 세 증인이 있어야 증언을 확정할 수 있다는 신명기 19장 15절의 원리가 여기에 적용되었다. 성령, 물, 피, 이 세 가지는 육신이 되신 예수님이 하나님의 아들이라는 진리를 증언한다(5:6~8).

25 요한1서 5장 16절은 '사망에 이르지 아니하는 범죄자들'의 구원을 위해서는 기도하지만, '사망에 이르는 죄'를 위해서는 기도하지 말라고 한다. 이 죄는 각각 어떤 죄를 말하는가?

> 답 '사망에 이르지 아니하는 죄'는 윤리적인 죄를 말하고, '사망에 이르는 죄'는 예수 그리스도가 하나님의 아들이 아니라는 이단 사상을 주장하는 것이다.

26 요한서신들을 기록하게 된 역사적 배경을 설명하라.

> 답 요한서신들의 신학적인 메시지를 결정지은 배경은 요한 공동체 안에 나타난 거짓 사상이다. 거짓 사상을 따르고 가르치는 사람들은 모두 예전에 같은 공동체에 속했던 사람들이었다. 요한3서가 비난하고 있는 디오드레베가 그 대표적인 사람으로, 거짓 교훈의 핵심은 사람으로 오신 예수님을 하나님의 아들 그리스도로 고백하지 않는 것이다. 요한 공동체 안에는 이러한 거짓 사상을 따르는 사람들과 성육신과 십자가를 믿는 전통적인 신앙을 고백하는 사람들 사이에 치열한 싸움이 있었다. 이 싸움이 요한서신들을 기록하게 된 배경이다.

27 요한1서 4장 2~3절이 말하는 '적그리스도의 영'을 받은 이들은 어떤 사람들인가?

> 답 예수님이 하나님의 아들이시며 그리스도라는 고백을 부정하고, 성육신과 십자가를 부정하는 거짓 사상을 따르는 사람들이다.

28 요한1서 5장 18절의 "하나님께로부터 난 자는 다 범죄하지 아니한다."는 말은 무슨 의미인가?

> **답** 여기서 말하는 범죄는 윤리·도덕적인 범죄가 아닌, 예수 그리스도가 하나님의 아들이 아니라고 부정하는 신앙적인 범죄를 의미한다. 우리는 윤리·도덕적인 차원에서 완전무결하게 살 수는 없지만, 예수님을 하나님의 아들이 아니라고 부정하는 신앙적인 죄는 짓지 않을 수 있다.

29 '세상'이란 단어가 헬라어 원문 요한문헌에서는 101회(요한복음 78회, 요한서신들 23회) 사용되지만, 공관복음 전체에서는 13번밖에 사용되지 않는다. 요한문헌에서 '세상'은 무엇을 말하는가?

> **답** 요한문헌에서 '세상'은 예수 그리스도가 하나님의 아들이라는 진리를 믿지 못하는 모든 사람을 일컫는다. 구체적으로 요한복음에서 세상은 예수님을 부정하고 교회를 박해하는 유대인들이고, 요한서신들에서는 나사렛 사람 예수가 하나님의 아들이심을 부정하고, 오로지 영적 그리스도만을 고집하는 영지주의의 가현설을 추종하는 무리다.

30 요한서신들의 저자 '장로'는 누구를 의미하는가?

> **답** 요한2서와 3서에서 저자 '장로'는 요한 공동체 안에 있는 어떤 이들과 격렬한 싸움을 하고 있다. 저자 '장로'가 구체적으로 누구이며, 사도 요한과 어떤 관계에 있는 사람이냐는 여전히 논란이다. AD 3~4세기에 살았던 교회 역사가 유세비우스에 따르면, 초대 교회에는 두 명의 요한이 있었다. 세베대의 아들 '사도' 요한과 '장로' 요한이고, 그 둘은 스승과 제자 사이다. 세베대의 아들 사도 요한이 죽은 후에 그의 제자인 '장로' 요한이 요한 공동체를 이끌면서 요한2서와 3서를 기록하였다고 알려져 있다. 요한1서도 이 '장로'가 기록했을 가능성이 크다.

3 기독교교육

01 기독교교육의 개념에 대한 설명 중 바른 것은 무엇인가?

① 기독교교육은 교회 안에서 이루어지는 교육으로, 부모들의 참여를 독려하지 않는다.
② 기독교교육을 실시하기 위해서는 교육 상황과 시대 흐름, 학습자의 요구와 변화를 분석하는 일이 필요하다.
③ 기독교교육은 교재를 가지고 성경을 가르치는 체계적인 과정을 의미한다.
④ 기독교교육은 신학이나 교육학을 전공한 전문가들에 의해 수행되는 교육이다.

답 ②

02 현대에 들어 새롭게 등장한 기독교교육의 현장은 무엇인가?

답 사이버 공간

03 기독교교육 현장의 전통적인 구분 영역이 아닌 것은 무엇인가?
① 학교   ② 가정   ③ 교회   ④ 학원   ⑤ 사회
답 ④

04 "교육의 장과 경험의 연관성을 설명하는 교육 체계가 (   )적인 접근이다."
빈칸에 알맞은 말은 무엇인가?
답 교육생태계

05 "(   )은 다음 세대에게 전통과 변화를 엮어 갈 수 있는 문화·사회적 고리를 만들어 주었으며, 부모 세대의 정신과 가치를 공유하는 중요한 교육 형식이 되었다."
빈칸에 알맞은 말은 무엇인가?
답 절기 교육

06 "신앙교육의 가장 원초적인 장은 (   )이다."
빈칸에 들어갈 단어는 무엇인가?
① 교회학교   ② 분반 공부   ③ 예배   ④ 가정
답 ④

07 기독교 가정교육에 관한 논의로 올바른 것은 무엇인가?
① 가정은 하나님의 은총의 매개다.
② 가정에서 교사는 아버지다.
③ 히브리 사람들은 가정교육보다 의례교육을 더 중요하게 여겼다.
④ 가정교육은 교회교육보다 하위 개념이다.
답 ①

08 우리나라의 가정에 대하여 바르게 설명한 것은 무엇인가?

① 현대사회의 가정은 다양한 형태로 존재한다.
② 돌봄의 기능이 갈수록 증가하고 있다.
③ 가정의 경제적 기능이 가장 중요하게 인식되고 있다.
④ 갈수록 가족 간의 결속력이 단단해지고 있다.

답 ①

09 교회와 가정이 교육적 연대를 하지 않을 때 생기는 폐해가 아닌 것은 무엇인가?

① 교회는 지역사회 내에 교회에 다니지 않는 부모들의 필요를 채워줄 기회를 놓친다.
② 피상적인 관계가 교회의 특징이 된다.
③ 교회는 아이들의 삶에 더 큰 영향을 끼칠 수 있는 잠재력을 박탈당한다.
④ 부모들이 신앙교육의 리더로서 막중한 책임감을 가지게 된다.

답 ④

10 교회와 가정의 협력을 강조한 오렌지 교육에 대한 내용이 아닌 것은 무엇인가?

① 자녀와 부모가 교회에서 동일한 메시지를 배우고 그것을 가정에서 나누는 원 포인트 교육을 실시한다.
② 가정의 회복을 위해 교회가 적극 돕는다.
③ 다음 세대들은 교회 사역에 직접 참여하기보다 개인의 능력과 역량을 키울 수 있는 훈련에 집중한다.
④ 모든 이가 리더가 있는 소그룹에 소속되어 보살핌을 받으며 연대감을 가진다.

답 ③

11 고난의 순간마다 "나는 세례받았다."를 기억하며 신앙의 정체성을 기억하고자 했던 사람은 누구인가?

　답 마르틴 루터

12 "세례는 새로운 (　　)을 가지고 새로운 존재로 태어나는 의식인 동시에 공동체와 하나 되는 (　　)이다."
빈칸에 들어갈 말을 순서대로 쓰라.

　답 정체성, 연대적 체험

13 세례에 대한 설명으로 바르지 않은 것은 무엇인가?
① 세례는 하나님의 은혜로 살아간다는 고백이다.
② 세례는 고난과 위기 앞에서 절망하지 않고 기독교인으로 살아가도록 하는 신앙 정체성에 중요한 영향을 끼친다.
③ 세례는 개인적인 신앙 차원에서 중요한 것이지만 신앙 공동체에는 큰 영향을 끼치지 않는다.
④ 세례는 신앙 성장에 있어서 어떤 의식보다 중요하다.

　답 ③

14 한국 기독교 초기의 사경회에 대한 설명으로 틀린 것은 무엇인가?
① 사경회를 통해 교회는 영향력 있고 사회를 변화시키는 역동체가 되었다.
② 사경회의 주된 교육 방법은 체계적인 설명을 듣는 강의였다.
③ 사경회는 사회 병폐들에 대한 신앙적 답을 찾고자 하는 노력들을 불러왔다.
④ 사경회는 한국 교회 대부흥운동의 중요 근거가 되었다.

　답 ②

15 "기독교인으로서 예수의 (   )을 가지고 책임적인 삶을 살게 하는 방법은 바로 (   )에서 실천할 수 있는 교육 과정을 설계하는 것이다."
빈칸에 들어갈 말을 순서대로 쓰라.

🖹 제자 의식, 삶의 현장

16 "교육은 공동체 안에서 이루어지는 문화화 과정"이라고 말한 기독교교육학자는 누구인가?

🖹 존 웨스터호프 3세

17 "교회 사역의 다섯 가지 핵심 요소는 (   ), (   ), 레이투르기아, (   ), 코이노니아다."
빈칸에 들어갈 말을 순서대로 쓰라.

🖹 케리그마, 디다케, 디아코니아

18 "기독교교육학자인 레티 러셀은 교회의 역할을 (   )와 (   )로 설명하면서 두 가지 사명 모두 중요함을 피력했다."
빈칸에 들어갈 말을 순서대로 쓰라.

🖹 모이는 교회, 흩어지는 교회

19 지역 교회로서의 정체성을 실현해 가는 데 꼭 필요한 요소가 아닌 것은 무엇인가?

① 지역사회에 대한 자부심
② 소통을 위한 대화 능력
③ 언어를 구분해 사용하는 능력
④ 타자성에 공감하는 태도

🖹 ①

20 "신앙적 앎이 (   )으로 실천되도록 하는 기독교교육은 성경의 내용뿐 아니라 삶의 당면한 현실과 경험들까지 다루는 (   )이며 전인적이고 (   ) 교육 과정이다."
빈칸에 들어갈 말을 순서대로 쓰라.

답 삶, 포괄적, 통전적인

3장

진급과정 2년급

01 구약Ⅰ 지혜서(시가서)

02 신약Ⅰ 바울서신

03 웨슬리의 생애

04 기독교원리(개론)

구약 | 지혜서(시가서)

01 구약성경의 지혜서(시가서)에 포함되지 않는 것은 무엇인가?
① 아가 ② 시편 ③ 예레미야애가 ④ 잠언
답 ③

02 다른 성경과 달리 지혜서(시가서)가 가진 독특한 성격은 무엇인가?
① 하나님께 올려드리는 최고의 고백
② 하나님께서 성도들에게 내려 주시는 말씀
③ 지혜의 주제나 시적인 표현이 등장하는 말씀
④ 선인들이 가르치는 교훈적 메시지
답 ①

03 지혜서에서는 모든 지혜의 근본이 되는 것을 무엇이라고 하는가?
답 여호와를 경외하는 것

04 구약성경에서 등장하는 지혜가 고대 근동의 지혜 문학에서 강조하는 처세술과 달리 신앙적 차원에서 강조하는 것은 무엇인가?

> 답 성경의 지혜는 인간의 생사화복을 주관하시는 여호와의 신적 권위를 강조한다.

05 지혜서(시가서)에서 '호크마'로 표현된 지혜와 관련이 없는 것은 무엇인가?

① 재능이나 경험에 의한 기술
② 세상의 질서를 올바르게 해석하는 능력
③ 하나님의 말씀을 통해 깨닫는 것
④ 인간에게 필요한 행동, 언어, 생각을 가르치는 것

> 답 ③

06 욥기의 신학적 주제인 신정론을 이해하기 위해 서두에 등장하는 중요 요소는 무엇인가?

① 욥이 이방인이라는 사실
② 욥을 의인으로 강조한 이야기들
③ 욥에게 주어진 풍성한 복
④ 욥에게 시험하고자 등장한 사탄

> 답 ②

07 욥의 진정성을 시험하려 하는 사탄의 논리는 무엇인가?

> 답 하나님이 주신 물질적인 복을 풍족하게 누리고 있기 때문에 욥이 하나님을 경외하는 것이므로, 이를 시험함으로써 욥의 진정성을 확인해야 한다고 주장했다.

08 욥기의 교훈을 통해 알 수 있는, 누구에게나 닥칠 수 있는 고난의 시간을 극복하기 위해 우리가 버려야 할 것은 무엇인가?

> 답 욥기는 '스스로 선하다'고 생각하는 주관적인 생각과 상황에 대한 자기합리화는 올바른 신앙이 아님을 강조한다.

09 욥기의 구조에서 등장하는 특징으로 틀린 것은 무엇인가?

① 소발은 세 번째 논쟁에서 등장하지 않는다.
② 엘리후와의 논쟁에서 욥은 반응하지 않는다.
③ 욥과 여호와의 대화는 두 세트로 구성된다.
④ 욥의 친구들과의 논쟁은 총 두 번에 걸쳐 반복된다.

답 ④

10 욥기에서 다양한 각도로 설명하고 있는, 인생에게 경험할 수 있는 여러 고난의 종류에 속하지 않는 것은 무엇인가?

① 인과응보 혹은 권선징악의 개념 하에 발생되는 고난
② 더 나은 미래를 위한 교육 차원의 고난
③ 자녀들의 잘못으로 인한 부모의 고난
④ 개인의 잘못이 없어도 함께 감당해야 할 공동체적 고난

답 ③

11 빈칸에 알맞은 말을 쓰라.

"시편 150편을 총 5부의 구조로 나누는 표시이자 명확한 강조점은 (   )과 (   )로 표현되는 각 부의 마지막 응답이다."

답 아멘, 할렐루야

12 시편의 5부 구조는 성경의 권위를 더욱 강조하기 위해 구약성경의 네 가지 분류 중 무엇을 반영한 것으로 해석되는가?

① 오경   ② 역사서   ③ 지혜서   ④ 예언서

답 ①

13 시편에서 가장 많은 분량을 차지하는 시의 유형 두 가지는 무엇인가?

답 찬송시, 탄식시

14 오랜 시간에 걸쳐서 수집된 시편의 시들 가운데 다윗의 시는 총 몇 편인가?

① 71편   ② 63편   ③ 87편   ④ 73편

답 ④

15 다윗이 고백한 시편 7편과 같은 탄식시의 일반적인 유형에서 마지막 부분에 주로 등장하는 것은 무엇인가?

① 구원을 향한 희망과 확신   ② 고난받는 종의 아픔
③ 돌보아 달라는 간절한 소망   ④ 적대자들의 잘못된 행위

답 ①

16 잠언 1장 1~2절에 등장하는 잠언의 목적은 무엇인지 빈칸에 들어갈 단어들을 쓰라.

"다윗의 아들 이스라엘 왕 솔로몬의 잠언이라 이는 (   )와 (   )를 알게 하며 (   )의 말씀을 깨닫게 하며."

답 지혜, 훈계, 명철

17 잠언이 가장 경계하는 유형의 사람은 어떤 자인가?

① 교만한 자   ② 어리석은 자   ③ 죄를 저지른 자   ④ 사악한 자

답 ②

18 잠언에서 표현된 저자에 해당하지 않는 사람은 누구인가?

① 솔로몬   ② 지혜자   ③ 다윗   ④ 아굴

답 ③

19 잠언에서 "내 아들아"로 표현되는 말씀들은 잠언의 어떠한 목적을 강조한 것인가?

① 교육적 목적   ② 도의적 목적   ③ 경제적 목적   ④ 개인적 목적

답 ①

20 인간 중심적인 지혜의 개념에서 벗어나 잠언에서 강조하고 있는 지혜의 중요성은 무엇을 강조하는가?

① 인간이 얼마나 경건해야 하는지
② 인간이 얼마나 스스로 판단할 수 있는지
③ 여호와의 의지가 어떻게 되는지
④ 여호와의 계획을 어떻게 파악해야 하는지

답 ③

21 전도서의 원어인 '코헬렛'이나 '에클레시아스테스'에서 알 수 있는 전도자의 의미는 무엇인가?

답 신앙 공동체에서 가르치거나 말씀을 전하는 자

22 전도서에는 저자의 이름이 등장하지 않지만 전통적으로 누구의 교훈으로 해석하는가?

① 솔로몬   ② 다윗   ③ 이사야   ④ 히스기야

답 ①

23 전도서에서 저자를 가장 무력하게 만드는 것은 어떤 문제에 관한 것인가?

① 부의 축적   ② 권력의 상승   ③ 죽음의 극복   ④ 육체적 욕망

답 ③

24 '선한 자들에게 왜 나쁜 일이 일어나는가?'에 답하는 것이 중요한 것이 아니라 모든 인간에게 주어지는 동일할 때를 어떻게 해석하며 반응할 것인지가 중요하다는 것을 강조한 성경 구절은 무엇인가?
① 해 아래에서 수고하는 모든 수고가 사람에게 무엇이 유익한가
② 범사에 기한이 있고 천하 만사가 다 때가 있나니
③ 일의 끝이 시작보다 낫고 참는 마음이 교만한 마음보다 나으니
④ 사람이 장래 일을 알지 못하나니 장래 일을 가르칠 자가 누구이랴

답 ②

25 전도서의 주제 사상이 표현된 아래의 말씀을 완성하라.
"하나님을 (   )하고 그의 (   )을 지킬지어다 이것이 모든 사람의 본분이니라 하나님은 모든 행위와 모든 은밀한 일을 (   ) 간에 심판하시리라(12:13~14)."

답 경외, 명령, 선악

26 아가의 히브리어 이름인 '쉬르 하쉬림'이 가진 의미는 무엇인가?
① 노래 중에서 최고의 노래   ② 맑고 아름다운 노래
③ 청아한 사랑의 노래   ④ 남녀 간의 사랑의 노래

답 ①

27 아가는 남녀 사이의 육체적인 친밀함을 어떻게 바라보는가?
① 긍정적   ② 부정적   ③ 회의적   ④ 상대적

답 ①

28 아가는 순탄하지 않았던 남녀 주인공들이 결국 다시 만나는 극적인 모습을 통해 관계에서 무엇이 중요함을 가르치는가?

① 호소력　② 책임감　③ 흥미로운 매력　④ 자신감

답 ②

29 아가에 나타난 극적인 사랑 표현의 해석에 해당하지 않는 것은 무엇인가?

① 하나님과 교회 사이의 사랑의 관계
② 그리스도와 성도 간의 사랑의 관계
③ 남녀 간의 본질적인 사랑의 관계
④ 주인과 종의 세속적인 사랑의 관계

답 ④

30 아가의 "내 사랑하는 자는 나에게 속하였고 나는 그에게 속하였도다 (2:16)."라는 말씀이 가르치는 중요 주제는 무엇인가?

답 사랑에 대한 평등성과 상호성

2

신약 | 바울서신

01 바울이 태어난 고향은 어디인가?

　　답 길리기아의 다소(행 21:39)

02 사도가 되기 이전의 바울은 어느 스승 밑에서 유대교 랍비 교육을 받았는가?

　　답 가말리엘(행 22:3)

03 바울이 예수님을 만난 사건을 회상하면서 말한 다음의 성경 구절에 공통으로 들어갈 말은 무엇인가?

　　"내가 나 된 것은 (　　　)로 된 것이니 내게 주신 그의 은혜가 헛되지 아니하여 내가 모든 사도보다 더 많이 수고하였으나 내가 한 것이 아니요 오직 나와 함께 하신 (　　　)로라(고전 15:10)."

　　답 하나님의 은혜

04 열렬한 유대교 신자였던 바울은 언제 어디에서 부활하신 예수님을 만나 사도로 부름 받는가?

> 답 바울은 AD 32년 무렵 다메섹(다마스쿠스) 도상에서 부활하신 예수님을 만나 그리스도의 사도로 변화되었다.

05 바울은 빌립보서 3장 5절에서 사도가 되기 이전의 자신을 어떤 사람이라고 소개하는가?

> 답 태어난 지 팔일 만에 할례를 받은 이스라엘 족속이고, 베냐민 지파이며, 율법에 열심을 가진 바리새인이었다.

06 바울은 빌립보서에서 과거 자신이 무엇 때문에 교회를 박해했다고 말하는가?

> 답 바울은 과거 유대교인이었을 때의 자신을 "열심으로는 교회를 박해하고 율법의 의로는 흠이 없는 자(빌 3:6)"라고 회상한다. 즉 바울은 율법에 대한 열심 때문에 그리스도를 부정하고 교회를 박해했다.

07 바울은 다메섹 도상에서 회심한 후 몇 년 만에 1차 예루살렘 방문했으며 무슨 이유로 방문했는가? 또 2차 예루살렘 방문은 몇 년 만에 왜 했는가?

> 답 바울은 회심 사건이 있은 지 3년 만에 베드로와 교제하기 위해 1차 예루살렘 방문을 했고(갈 1:18), 그 후 14년 만에 이방인 선교 문제에 대한 회의를 하기 위해 2차 예루살렘 방문을 했다(갈 2:1~10, 행 15장).

08 1차 예루살렘 방문과 2차 방문 사이 14년 동안 바울은 누구와 함께 어디에서 무엇을 했는가?

> 답 2차 예루살렘 방문이 있기까지 바울은 바나바와 함께 소아시아 남부 지역에서 제1차 선교 여행을 했다(행 13~14장).

09 바울이 제2차 선교 여행을 한 도시들을 순서대로 쓰라.

답 빌립보 ⋯ 데살로니가 ⋯ 베뢰아 ⋯ 아덴 등을 거쳐서 고린도에 도착했다.

10 바울이 제일 먼저 기록한 서신은 어디에서 언제쯤 기록한 어느 서신인가?

답 고린도에서 AD 49~50년 무렵에 첫 번째 서신인 데살로니가전서를 기록했다.

11 바울이 선교하는 동안 가장 오래 머물렀던 곳은 어디이며 얼마나 머물렀는가?

답 에베소이며, 약 30개월을 머물렀다.

12 바울이 고린도로 가서 AD 55~56년 무렵에 기록하여 겐그레아의 여자 성도 뵈뵈에게 전달하게 한 서신은 무엇인가?

답 로마서

13 바울이 데살로니가전서를 왜 썼는지 설명하라.

답 데살로니가 성도들이 믿음생활을 잘했지만 '믿음에 부족한 것'이 있었는데, 그것은 예수님이 재림하시기 전에 죽은 성도들은 어떻게 될 것이냐 하는 문제였다. 이 소식을 들은 바울은 데살로니가전서를 써서 예수님의 재림 때에는 이미 죽은 성도나 아직 살아 있는 성도 모두 부활하여 주님과 영원히 함께 살게 된다는 사실을 가르쳤다.

14 바울이 고린도전서를 기록하게 된 배경을 설명하라.

답 고린도 교회는 에베소에 머물던 바울에게 서신을 보내 교회에서 벌어지고 있는 다양한 문제들에 대한 답을 구했다. 바울은 그에 대한 답을 주기 위해 고린도전서를 기록했다.

15 고린도 교회에서 일어난 구체적인 문제에 해당하지 않는 것은 무엇인가?
① 성도 사이의 송사   ② 우상 제물의 문제
③ 결혼·이혼·재혼·독신 등의 문제   ④ 이방인 선교 문제
답 ④

16 고린도전서에서 바울은 많은 문제들에 답을 주는데, 그 답의 핵심을 무엇으로 종합할 수 있는가?
답 교회와 교회의 일치를 이루는 근본적인 토대는 예수 그리스도의 십자가와 부활 신앙이다. 십자가와 부활 신앙에 충실하면 교회는 바로 세워지고 일치를 이룬다.

17 바울 사도가 고린도후서를 쓰게 된 동기는 무엇인가?
답 고린도 교회에 바울은 사도가 아니며 그가 선포한 복음 역시 진정한 복음이 아니라고 주장하는 사람들이 나타났다. 고린도 교회 성도들은 처음에 이들의 주장에 동조하여 바울의 사도직을 부정했다. 그러나 나중에 바울이 보낸 서신을 읽고 회개하여 다시 사도의 복음으로 돌아왔다. 이러한 과정에서 자신의 사도직과 사도적인 복음에 대해서 설명해야 할 필요성을 느낀 바울은 고린도후서를 기록하였다.

18 고린도후서에서 바울은 진정한 사도의 기준을 어떻게 제시하고 있는가?
답 진정한 사도의 기준으로 선포한 복음과 일치된 삶을 내세웠다. 십자가의 복음을 선포하는 사도는 그를 위하여 십자가를 짊어지는 삶을 살아야 한다. 십자가 선포와 십자가 삶이 일치될 때, 진정한 사도라고 말할 수 있다.

19 바울 사도가 갈라디아서를 기록하게 된 배경을 설명하라.

답 갈라디아는 광역 지방의 명칭으로, 이곳에는 여러 개의 교회들이 있었다. 외부에서 들어온 사람들이 바울은 하나님과 그리스도에게 부름 받은 사도가 아니라고 주장하고 갈라디아 성도들이 이 거짓말에 넘어갔다는 소식이 들리자, 바울은 갈라디아서를 써 보냈다.

20 갈라디아서에서 바울은 그리스도인의 자유를 강조하는데, 이 자유는 무엇을 의미하는가?

답 서로를 섬기고 사랑하는 자유

21 사도 바울이 로마서를 기록한 이유로 적합지 않은 것은 무엇인가?

① 로마 교회의 교인들과 사귐을 가진 후 스페인으로 선교를 가는데 후원을 받고 싶었다.
② 로마에 가기 전에 고린도 교회로 구제금 전달이 잘 될 수 있도록 기도를 부탁하고 싶었다.
③ 바울의 신학을 둘러싼 극심한 논쟁 속에서 로마 교회에 그의 신학을 설명하고 논쟁에서 로마 교회를 얻고 싶었다.
④ 로마 교회 내부에서 벌어지고 있는 교인들 사이의 논쟁에 대해 사도적인 가르침을 주어 해결하고 싶었다.

답 ②

22 바울이 로마서에서 말하는 '의'는 무엇인지 설명하라.

답 바울은 구원을 그 자신만의 독특한 용어인 '의'라는 말로 대체하여 사용한다. 이 '의'는 하나님과 죄인인 인간의 바른 관계를 말한다. 하나님과 바른 관계를 맺은 사람이 구원을 받은 사람이다. 그러나 인간은 죄인이기 때문에 스스로의 힘으로는 하나님과 바른 관계를 맺을 수 없다. 그래서 하나님이 먼저 아들 예수 그리스도를 통해 인간의 죄를 용서하시고 바른 관계를 맺으셨다. 이것이 복음이다. 이 복음을 믿음으로 받아들인 사람은 하나님과의 바른 관계 속으로 들어가고, 이것을 의롭다고 인정받았다고 한다. 그러므로 하나님께 의롭다고 인정받는 것은 율법을 행하는 것과는 무관하게 오로지 믿음으로만 가능하다.

23 바울은 빌립보서를 왜 썼는가?

답 바울은 로마의 감금생활 동안 이 서신을 썼다. 빌립보 교회가 에바브로디도 편으로 바울에게 생활비를 보내 주었는데, 바울은 감사한 마음에 이 서신을 썼다. 아울러 세상의 어려움 속에서도 항상 기뻐하고 감사할 수 있는 삶의 비결을 빌립보 교인들에게 가르쳐 주었다.

24 바울이 골로새서에서 헛된 속임수라고 공격하는 '철학'은 무엇을 말하는지 설명하라.

답 여기서의 철학은 '사람의 전통과 세상의 초등학문'이다(골 2:8). '세상의 초등학문'은 세상을 구성하고 있는 가장 기초가 되는 원소를 말한다. 오늘날 이는 과학의 연구 분야지만, 그 시대에는 '철학'에 속했다. 이러한 철학이 학문의 영역에 머무를 때는 좋은 것이지만, 종교적인 영역에서 구원론으로 변할 때는 '헛된 속임수'가 될 수 있다. 골로새 교회에 나타난 거짓 교사들이 그러한 주장을 하면서 다양한 기초 원소들의 신격화를 주장했다. 골로새서는 이들의 거짓 주장에 맞서 오직 그리스도만으로 구원을 얻을 수 있다는 바울의 복음을 강조했다.

25 에베소서의 신학적 관심은 무엇인가?
   ① 주의 재림   ② 공동체   ③ 교회   ④ 거짓 교훈

답 ③

26 바울의 서신들 중에서 옥중서신은 어떤 서신들인가?

답 에베소서, 빌립보서, 골로새서, 빌레몬서

27 디모데전서, 디모데후서, 디도서를 '목회서신'이라고 묶어 부르는 이유를 설명하라.

> 답 바울서신들은 모두 교회 공동체에 보낸 것이다. 그러나 디모데전서와 디모데후서, 디도서는 교회가 아니라 목회자 개인에게 목회에 대한 다양한 가르침을 준 것이기에 '목회서신'이라고 부른다.

28 '목회서신'에서 바울은 디모데와 디도 등에게 이단을 물리치는 세 가지 방법을 가르친다. 이 세 가지는 무엇인가?

> 답 ① 목회자가 '바른 교훈'에 대한 깊은 지식을 갖고, 그것을 성도들에게 잘 가르쳐야 한다.
> ② 자격을 갖춘 좋은 사람들을 직분자로 세워 협력해야 한다.
> ③ 목회자는 거짓 교훈을 전하는 이단자들에게 흠이 잡히지 않는 도덕적인 사람이 되어야 한다.

29 바울이 빌레몬서를 언제, 어디서, 왜 썼는지 설명하라.

> 답 빌레몬의 종이었던 오네시모가 주인의 재산을 훔쳐 도망쳤다가 로마에서 바울을 만나 그리스도인으로 변화되었다. 이에 바울은 오네시모를 주인 빌레몬에게 돌려보내면서 오네시모를 더 이상 종으로 여기지 말고 그리스도 안에서 형제로 받아줄 것을 권고하기 위해 빌레몬서를 썼다.

30 바울은 어느 교회의 파송을 받아서 누구와 함께 제1차 선교 여행을 했는가?

> 답 바울은 안디옥 교회의 파송을 받아서 바나바, 마가와 함께 1차 선교 여행을 했다.

웨슬리의 생애

01 존 웨슬리의 인적 사항이다. (①~④)에 들어갈 알맞은 말을 쓰라.

출생일	(①)년 6월 17일	고향	영국 링컨셔 (②)
부	(③)	모	(④)

📖 ① 1703 ② 엡워스 ③ 사무엘 ④ 수잔나

02 어머니가 웨슬리에게 끼친 영향을 쓰라.

📖 웨슬리는 어머니 수잔나의 경건과 이성적인 성품을 그대로 물려받았다. 청교도 목회자의 딸이었던 수잔나를 통해 웨슬리는 자연스럽게 청교도적인 영성을 배웠으며, 영성과 실천이 조화된 교육 방법은 훗날 메소디스트로 성장하는 기반이 되었다. 1709년 화재 사건 이후 수잔나는 웨슬리의 영혼에 더욱 세심한 주의를 기울이는데, 매주 목요일의

대화와 기도 시간은 그를 영적으로 성장시켰다. 장성해서도 중요한 일을 결정할 때마다 어머니의 조언이 많은 영향을 미쳤다.

03 웨슬리에게 평생 지침서가 된 영국국교회 예배서의 이름은 무엇인가?

　🅰 공동 기도서

04 1662년 영국국교회는 통일령을 반포하고 교리와 예배의 기준을 강화했다. 이에 따르지 않는 사람들을 무엇이라고 불렀는가?

　🅰 비국교도

05 1709년에 일어난 화재에서 웨슬리는 극적으로 구출되었다. 이 일을 통해 웨슬리는 자신을 무엇이라고 불렀는가? 스가랴 3장 2절을 참조하여 쓰라.

　🅰 불에서 꺼낸 타다 남은 나무토막

06 1725년은 웨슬리에게 영적으로 중대한 전환이 있었던 해다. 젊은 웨슬리에게 영향을 미친 영성가와 그의 저작이 아닌 것은 무엇인가?

① 토마스 머튼 『마음의 기도』
② 윌리엄 로우 『그리스도인의 완전』
③ 제레미 테일러 『거룩한 삶과 죽음의 규칙과 연습』
④ 토마스 아 켐피스 『그리스도를 본받아』

　🅰 ①

07 웨슬리가 일기장 맨 앞에 적었던 평생 지침은 무엇인가?

　🅰 어떤 행동을 할 때마다 그리스도께서 어떻게 하셨는지, 어떻게 하실

지를 생각하라. 그리고 그분이 보여 주신 본을 따르라.

08 홀리클럽(Holy club)에 대해 쓰라.

> 답 존 웨슬리의 동생 찰스 웨슬리를 포함한 옥스퍼드의 네 젊은이가 '오직 한 책의 사람', 즉 성경적 그리스도인이 되기로 작정하고 시작한 모임이다. 처음에는 동생 찰스가 두세 명과 매주 성만찬에 나갔으며, 대학교에서 규정하는 공부 방식을 지킴으로 메소디스트라는 별명을 얻게 되었다. 홀리클럽의 목적은 거룩한 마음과 생활의 추구를 통해 참된 그리스도인이 되는 것이었다. 이들은 성경과 경건 서적을 연구하며 그 가르침대로 실천하였으며, 아침저녁으로 영적 상태를 점검하고, 수요일과 금요일에는 금식했다. 또한 규칙적으로 감옥을 방문하고, 가난하고 병든 이웃을 돌보았다.

09 오늘날의 '감리교회'와 구분하기 위해 그 이전의 형성 단계, 즉 웨슬리 부흥운동을 '메소디즘'이라고 지칭한다. 웨슬리가 이야기한 메소디즘의 기원이 된 장소 세 곳을 차례대로 쓰라.

> 답 옥스퍼드 - 조지아 - 런던

10 웨슬리가 조지아에 간 목적은 무엇인가?

> 답 인디언에게 복음을 전하고, 자신의 영혼을 구원하기 위해

11 다음 중 모라비안에 대한 설명으로 옳지 않은 것은 무엇인가?
① 독일 경건주의의 영성을 가진 공동체다.
② 헤른후트에 본부가 있으며, 지도자는 친첸도르프다.
③ 행함으로 얻는 구원을 강조한다.
④ 존 웨슬리는 폭풍 속에서도 하나님을 신뢰하며 동요하지 않는 모라비안의 모습에 충격을 받았다.

> 답 ③

12 웨슬리 형제의 회심에 결정적인 영향을 준 사람은 누구인가?
① 조지 휫필드　　　② 피터 뵐러
③ 사무엘 웨슬리　　④ 프란시스 애즈베리

📖 ②

13 올더스게이트 체험은 웨슬리에게 어떤 의미가 있는지 쓰라.

📖 이 체험으로 믿음으로 얻는 구원에 대한 확신, 즉 성령의 내적 증거를 얻었다. 옥스퍼드에서 조지아까지 신비주의자들의 가르침에 따라 자기를 부인하고 철저하게 거룩한 삶을 추구했지만, 웨슬리는 구원 얻는 믿음은 알지 못했다. 이전에 가졌던 믿음이 '종의 믿음'이라면 올더스게이트 이후에는 '아들의 믿음(롬 8:14~15)'을 갖게 되었다. 이 확신을 통해 웨슬리는 능력 있는 복음 전도자로 변화되었다.

14 올더스게이트 체험 이후 웨슬리가 옥스퍼드대학교에서 한 설교로, 웨슬리 표준설교 1번이 된 설교 제목과 성경 본문을 쓰라.

📖 믿음에 의한 구원, 에베소서 2장 8절

15 웨슬리가 처음 야외 설교를 하도록 영향을 준 복음 전도자의 이름은 무엇인가?

📖 조지 휫필드

16 야외 설교는 영국국교회가 허용하는 방식이 아니었다. 이를 비난하며 금하는 사람들에게 웨슬리가 한 말은 무엇인가?

📖 세계는 나의 교구다.

17 웨슬리 설교의 핵심은 '칭의와 성화'라고 할 수 있다. 이 둘을 연결하는 구절이자 웨슬리 영성의 핵심인 갈라디아서 5장 6절 말씀을 완

성하라. "그리스도 예수 안에서는 할례나 무할례나 효력이 없으되 (   )뿐이니라."

답 사랑으로써 역사하는 믿음

18. 웨슬리 부흥운동의 중심이 되었던 세 지역과 신도회 모임 장소를 맞게 연결하라.
    ① 브리스톨   ㉠ 파운더리
    ② 런던   ㉡ 오펀하우스
    ③ 뉴캐슬   ㉢ 뉴룸

    답 ①-㉢, ②-㉠, ③-㉡

19. 신도회 모임 장소 중 가장 먼저 마련되었으며 속회가 처음 시작된 곳으로, 감리교회의 요람이라고 할 수 있는 곳은 어디인가?

    답 뉴룸

20. 모든 신도회 회원이 지켜야 했던 세 가지 규칙을 쓰라.

    답 첫째, 모든 악을 피하라.
    둘째, 선을 행하라.
    셋째, 모든 은혜의 수단에 참여하라.

21. 웨슬리는 모라비안의 정적주에 반대하여 은혜의 수단을 힘써 지킬 것을 강조했다. 은혜의 수단인 '경건의 일'과 '자비의 일'에 대해 각각 쓰라.

    답 경건의 일 : 성경(듣기, 읽기, 묵상, 연구), 기도, 성만찬, 금식, 절제 등
    자비의 일 : 주린 자를 먹이며, 헐벗은 자를 입히고, 나그네를 대접하며, 감옥에 갇힌 자나 병든 자나 어려움에 처한 이를 돌아보는 일, 교육하고 세우는 일, 영혼을 구원하는 일 등

22 웨슬리는 하나님께서 설교자들을 세우신 목적이 무엇이라고 정의했는가?

📖 국가를 특별히 교회를 개혁하기 위해서 그리고 온 땅에 성서적 성결을 전파하기 위해서

23 웨슬리는 설교자들을 위해 1744년 제1회 연회를 시작으로 매년 설교자 모임을 열어 신학과 교리를 점검하고 나아갈 방향을 정했다. 설교자들이 설교할 때 기준으로 삼았던 두 가지는 무엇인가?

📖 웨슬리의 표준설교 44편, 웨슬리의 신약성서 주해

24 웨슬리의 설교는 하나님 나라로 가는 길을 알려주었으며, 그 목표는 그리스도인의 완전이었다. 그의 동생 찰스 웨슬리는 찬송 '하나님의 크신 사랑(찬송가 15장)'에서 그 완전을 어떻게 표현했는지 빈칸을 채워 완성하라.

"하나님의 크신 (　　) 하늘에서 내리사
우리 (　) 에 항상 계셔 온전하게 하소서.
우리 주는 자비하사 사랑 무한하시니
두려워서 떠는 자를 구원하여 주소서.
우리들이 (　　　) 흠이 없게 하시고
주의 크신 구원받아 (　·　) 하게 하소서.
영광에서 영광으로 천국까지 이르러
크신 사랑 감격하여 경배하게 하소서."

📖 사랑, 맘, 거듭나서, 온전

25 찰스 웨슬리에 대해 설명하라.

📖 존 웨슬리의 동생으로, 옥스퍼드 홀리클럽 때부터 60년 동안 웨슬리와 동역하였다. 영국국교회의 목회자이자 복음 전도자였으며, 시인으로 9천 편의 찬송시를 지었다.

26 웨슬리가 파송한 설교자로, 초창기 미국에서 큰 부흥을 이끌었던 전도자의 이름은 무엇인가?

　📖 프란시스 애즈베리

27 고된 사역 중에도 웨슬리가 몸과 마음의 건강을 유지할 수 있었던 비결은 무엇인가?

　📖 운동, 신선한 공기, 규칙적인 수면, 감정의 기복이 없는 것

28 웨슬리가 남긴 유언은 무엇인가?

　📖 가장 좋은 것은 하나님이 우리와 함께 계시는 것이다.

29 웨슬리 생애 중 가장 인상적인 부분 혹은 구절은 무엇인가? 웨슬리를 통해 우리가 이어가야 할 정신은 무엇이라고 생각하는가?

30 신도회와 소그룹의 목적은 말씀에서 퇴보하지 않고, 그리스도인의 완전을 향하여 서로 영적 책임을 지는 것이었다. 오늘날 감리교회가 그 정신을 어떻게 살릴 수 있는지 나의 생각을 쓰라.

4

기독교원리 (개론)

01 웨스트민스터 소요리문답 1번이 밝히고 있는 것처럼 인간 창조의 목적은 하나님께 영광을 돌리는 데 있다. 다만 인간이 하나님께 영광을 돌리는 데는 한계가 있기 때문에 웨슬리는 현실적 의미에서 두 종류의 선을 추구하라고 권고하였다. 이 두 종류의 선은 무엇인가?

> **답** 불행(죄)에서 벗어나는 것, 행복(하나님과 함께하며 하나님을 향유함)으로 나아가는 것

02 감리회 신앙고백 1조를 쓰라.

> **답** 우리는 우주 만물을 창조하시고 섭리하시며 주관하시는 거룩하시고 자비하시며 오직 한 분이신 아버지 하나님을 믿습니다.

03 창조주 하나님이라는 고백에는 세 가지 의미가 있다. 그것은 무엇인가?

답 첫째, 우주 만물은 피조물인 반면에 하나님은 스스로 존재하시는 영원한 분이다. 둘째, 하나님은 우주 만물과 모든 선함, 아름다움, 사랑, 진리의 근원이시다. 셋째, 자연을 포함한 우주 만물의 주인은 인간이 아닌 하나님이시다.

04 "감리교회는 거룩과 사랑이라는 하나님의 도덕적 속성을 강조한다. ( )이란 하나님의 내향적 측면으로 악과 죄에서 한없이 멀리 떨어져 있음을 의미한다. 하나님은 외향적 측면인 ( )와 ( )으로 인간을 비롯한 우주 만물과 소통하신다."
빈칸에 들어갈 단어들을 순서대로 쓰라.

답 거룩, 자비, 사랑

05 다음은 감리회 신앙고백 2조의 내용이다. 빈칸을 채워 완성하라.
"우리는 ( )이 육신이 되어 우리 가운데 오셔서 ( )를 선포하시고 십자가에 달려 죽으셨다가 ( ) 하심으로 대속자가 되시고 구세주가 되시는 예수 그리스도를 믿습니다."

답 말씀, 하나님의 나라, 부활 승천

06 "성육신에 대한 고백은 그리스도의 ( )과 관련이 있고 선포자, 대속자, 구세주라는 고백은 그분의 ( )과 관련이 있다."
빈칸에 들어갈 단어들을 순서대로 쓰라.

답 정체성, 사역

07 예수 그리스도를 대속자와 구세주로 고백하는 것은 어떤 의미가 있는가?

답 이 고백은 예수께서 우리 죄를 대신 짊어지셔서 죄의 문제를 해결해 주시고 이 세상을 구원해 주시는 분임을 확신하며 믿을 때 가능하다.

08 "성령 하나님의 기원은 (　) 하나님이시고, 그분을 이 땅에 보내시는 분은 (　) 하나님이시다." 빈칸에 들어갈 말을 순서대로 쓰라.

📋 성부, 성자

09 "성령께서는 우리를 (　)나게 하고, (　)하게 하며, (　)하게 하는 사역에 있어서 주도적이시다. (　)로서의 성령님은 우리 안에서 일하신다." 빈칸에 들어갈 말을 순서대로 쓰라.

📋 거듭, 거룩, 완전, 인도자

10 다음의 빈칸에 공통으로 들어갈 말은 무엇인가?
"기독교 신앙의 핵심은 (　)을 통해 계시된다. (　)적 진리들은 전통에 의해 조명되며, 체험을 통해 활기를 띠고, 이성에 의해 확인된다."

📋 성경

11 성경의 궁극적 저자는 하나님이시라는 말의 의미는 무엇인가?

📋 하나님께서 성령의 감동 가운데 있는 인간 저자를 사용하셔서 성경을 쓰신 것이다. 따라서 직접적인 저자는 인간이라 할지라도 궁극적 저자는 하나님이시다.

12 하나님께서 우리에게 성경을 주신 목적은 무엇인가?

📋 '구원에 이르는 도리'와 '신앙생활의 표준'을 알려주시기 위해서

13 교회는 그리스도의 몸이다. 따라서 그리스도의 마음과 뜻에 따라서 그리스도께서 걸어가셨던 그 길을 걸어가야 한다. 즉 교회는 무엇을 실현하는 신앙 공동체가 되어야 하는가?

📋 제자도

14 엄밀한 의미에서 구원은 무엇을 의미하는가?

　　답 칭의와 성화

15 "성화의 과정에서 남아 있는 내적 죄악성은 점점 제거되고 그 빈자리를 거룩한 사랑이 채움으로 우리는 하나님 사랑과 이웃 사랑을 실천하게 된다. 이것이 웨슬리가 말하는 (　　　)이다."
빈칸에 들어갈 알맞은 말은 무엇인가?
① 성령의 감동　② 하나님과의 연합　③ 칭의　④ 성경적 거룩

　　답 ④

16 다음 보기 중 감리회 신앙고백 5조에 해당하는 것은 무엇인가?
① 우리는 예배와 친교, 교육과 봉사, 전도와 선교를 위해 하나가 된 그리스도의 몸인 교회를 믿습니다.
② 우리는 하나님의 은혜로 믿음을 통해 죄사함을 받아 거룩해지며 하나님의 구원의 역사에 동참하도록 부름 받음을 믿습니다.
③ 우리는 우리와 함께 계셔서 우리를 거듭나게 하시고 거룩하게 하시며 완전하게 하시며 위안과 힘이 되시는 성령을 믿습니다.
④ 우리는 성령의 감동으로 기록된 하나님의 말씀인 성경이 구원에 이르는 도리와 신앙생활에 충분한 표준이 됨을 믿습니다.

　　답 ②

17 감리회 신앙고백 7조를 쓰라.

　　답 우리는 만민에게 복음을 전파함으로 하나님의 정의와 사랑을 나누고 평화의 세계를 이루는 모든 사람들이 하나님 앞에 형제 됨을 믿습니다.

18 "하나님 앞에서 모든 사람은 (　　　) 형제와 자매이다."

빈칸에 알맞은 말을 쓰라.

답 평등한

19 다음 중 감리회 신앙고백 8조에 나오는 단어가 아닌 것은 무엇인가?
① 종말   ② 영생   ③ 몸   ④ 재림

답 ①

20 '의의 최후 승리와 영원한 하나님 나라'는 무엇을 의미하는가?

답 의의 기준은 하나님이시다. 따라서 의의 최후 승리는 의이신 하나님의 승리를 의미한다. 종말의 때에 하나님께서 의의 최후 승리를 이끌어 내시고 하나님의 정의가 온전히 이루어지는 하나님 나라가 영원히 계속될 것이다.

본이 되는 하나님의 사람
장로고시 문제집

펴 낸 날 | 2021년 11월 25일 (1판 1쇄)
2023년 1월 5일 (2판 1쇄)
2025년 12월 26일 (2판 2쇄)
펴 낸 이 | 김정석
엮 은 곳 | 기독교대한감리회 교육국
집필위원 | 김민석 박경식 이긍재 이사야 이성민 이희학
조경철 조은하 조이제 최선순 한은혜 황현숙
감　　수 | 왕대일
펴 낸 곳 | 기독교대한감리회 도서출판kmc
서울특별시 종로구 세종대로 149 감리회관
대표전화 02-399-2008 팩스 02-399-2085
http://www.kmcpress.co.kr
등　　록 | 제2-1607호(1993.9.4.)
제　　작 | 디자인통

값 8,000원
ISBN 978-89-8430-866-4　13230

기독교대한감리회 도서출판kmc와 교육국에서 제작한 모든 출판물은 저작권법의 보호를 받습니다. 따라서 불법적인 복제 행위와 무단 전재, 재배포 등을 엄격히 금하며, 출처를 명기하더라도 인터넷 카페나 블로그, 유튜브 등에서 제3자와 공유할 수 없음을 밝힙니다.